COVIDCONOMIE

CONTRER L'INFLATION SANS TOUCHER LES TAUX D'INTÉRÊT

par LINKEDIN AND TOWN HALL ACHIEVER OF THE YEAR
EY NOMINÉ ENTREPRENEUR DE L'ANNÉE
GRAND HOMMAGE LYS DIVERSITÉ
WORLD TOP100 DOCTOR

Dr. BAK NGUYEN, DMD

&

CO-AUTEURS
ANDRÉ CHÂTELAIN, MBA
TRANIE VO, B. ENG.
FRANÇOIS DUFOUR, MBA, MSc
WILLIAM BAK

À TOUS LES CITOYENS ET CITOYENNES, LES LEADERS,
DÉCIDEURS ET ORGANISATIONS AVEC LE POUVOIR
D'INFLUENCER LE COURS DE L'HISTOIRE
par Dr. BAK NGUYEN

ISBN:978-1-989536-98-8

Publié par: Dr. BAK PUBLISHING COMPANY
Dr.BAK 0111

COVIDCONOMIE

CONTRER L'INFLATION SANS TOUCHER LES TAUX D'INTÉRÊT

par Dr. BAK NGUYEN, ANDRÉ CHÂTELAIN,
TRANIE VO, FRANÇOIS DUFOUR
& WILLIAM BAK

INTRODUCTION
PAR Dr. BAK NGUYEN & TRANIE VO

PARTIE II
ÉDITORIAL
HOPES AND FEARS

DIAGNOSTIC DIFFERENTIEL
CHAPITRE 1 - Dr. BAK NGUYEN & FRANÇOIS DUFOUR
L'ANALYSE DES CAUSES DE LA CRISE
INFLATIONNISTE DE 2022

ANDRÉ CHÂTELAIN
CHAPITRE 8 - ANDRÉ CHÂTELAIN
ANCIEN 1st VICE-PRÉSIDENT DU MOUVEMENT
DESJARDINS

LA TEMPÊTE PARFAITE
CHAPITRE 2 - Dr. BAK NGUYEN
L'HISTOIRE SE RÉPÈTE

FRANÇOIS DUFOUR
CHAPITRE 9 - FRANÇOIS DUFOUR
ÉCONOMISTE, VICE-PRÉSIDENT
DÉVELOPPEMENT DES AFFAIRES

LE COÛT DU LIBRE MARCHÉ
CHAPITRE 3 - ANDRÉ CHÂTELAIN & Dr. BAK NGUYEN
GUERRE ÉCONOMIQUE

WILLIAM BAK
CHAPITRE 10 - WILLIAM BAK
AUTEUR PRODIGUE

LE MODÈLE TAMPON
CHAPITRE 4 - ANDRÉ CHÂTELAIN & Dr. BAK NGUYEN
POUR LA PAIX, LA STABILITÉ ET LA PROSPÉRITÉ

TRANIE VO
CHAPITRE 11 - TRANIE VO
ENTREPRENEURE, COO MDEX & CO

LE MODÈLE LIBERTÉ
CHAPITRE 5- Dr. BAK NGUYEN
IMPLANTATION ET PÉRENNITÉ

DÉVELOPPEMENT DURABLE
CHAPITRE 6- Dr. BAK NGUYEN & ANDRÉ CHÂTELAIN
POUR UN IMPACT AUJOURD'HUI ET UN, ENCORE
MEILLEUR, DEMAIN

CONCLUSION
PAR Dr. BAK NGUYEN

L'EFFET PAPILLON
CHAPITRE 7- Dr. BAK NGUYEN
SUCCÈS, RÉSISTANCE & ÉVOLUTION

AVIS DE NON RESPONSABILITÉ

« L'information générale, les opinions et les conseils contenus dans le présent support et/ou les livres, livres audio, podcast et les publications présentes sur le site web ou les médias sociaux de du Dr. Bak Nguyen (de son vrai nom Ba Khoa Nguyen) et de ces collaborateurs (André Châtelain, Tranie Vo, Lam Tra Nien Vo de son vrai nom, François Dufour et William Bak, William Bak Nguyen de son vrai nom) (ci-après les « Opinions ») présentent des informations générales sur différents sujets. Les Opinions sont uniquement destinées à des fins d'information.

Aucune information contenue dans les Opinions ne saurait remplacer l'avis d'un expert, une consultation, un conseil, un diagnostic ou un traitement professionnel. Aucune information contenue dans les Opinions ne saurait remplacer l'avis d'un professionnel et ne saurait être interprétée comme une consultation ou un conseil.

Rien dans les Opinions ne doit être interprété comme un conseil professionnel relié à l'exercice de la médecine dentaire, un avis médical ou toute autre forme de conseil, y compris un avis juridique, comptable ou financier, un avis professionnel, un soin ou un diagnostic, mais strictement comme de l'information générale. Toutes les informations contenues dans les avis sont fournies à titre informatif uniquement.

L'utilisateur en désaccord avec les termes du présent Avis doit cesser immédiatement d'utiliser les Opinions ou de s'y référer. Toute action de l'utilisateur en lien avec l'information contenue dans les Opinions n'engage que lui et est à son entière discrétion.

L'information générale contenue dans les Opinions est fournie « telle quelle » et n'est assortie d'aucune garantie, expresse ou implicite. le Dr. Bak Nguyen (de son vrai nom Ba Khoa Nguyen) et de ces collaborateurs (André Châtelain, Tranie Vo, Lam Tra Nien Vo de son vrai nom, François Dufour et William Bak, William Bak Nguyen de son vrai nom) mettent tout en œuvre afin que l'information soit complète et authentique. Cependant, rien ne garantit que l'information générale contenue dans les Opinions soit toujours disponible, véridique, complète, à jour ou pertinente.

Les Opinions exprimées par le Dr. Bak Nguyen (de son vrai nom Ba Khoa Nguyen) et de ces collaborateurs (André Châtelain, Tranie Vo, Lam Tra Nien Vo de son vrai nom, François Dufour et William Bak, William Bak Nguyen de son vrai nom) sont personnelles et exprimées en leur propre nom et ne reflètent pas les opinions de ses sociétés, partenaires et autres affiliés.

Dr. Bak Nguyen (de son vrai nom Ba Khoa Nguyen) et de ces collaborateurs (André Châtelain, Tranie Vo, Lam Tra Nien Vo de son vrai nom, François Dufour et William Bak, William Bak Nguyen de son vrai nom) excluent également toute forme de responsabilité pour le contenu auquel renvoient les éventuels hyperliens inclus dans les Opinions.

À PROPOS DES AUTEURS

Du Canada, le **Dr Bak NGUYEN**, nominé Entrepreneur de l'année Ernst & Young, Grand Hommage Lys DIVERSITÉ, LinkedIn et TownHall, Achiever of the year et TOP100 docteurs du monde. Le Dr Bak est un dentiste cosmétique, PDG et fondateur de Mdex & Co. Son entreprise révolutionne le domaine dentaire. Conférencier et motivateur, il détient le record du monde d'écriture de 100 livres en 4 ans, accumulant de nombreux records mondiaux (à être officialisés). Ses livres couvrent les sujets: ENTREPRENEURSHIP, LEADERSHIP, QUÊTE D'IDENTITÉ, DENTISTERIE ET MÉDECINE, ÉDUCATION DES ENFANTS, LIVRES POUR ENFANTS, PHILOSOPHIE

En 2003, il a fondé Mdex, une entreprise dentaire sur laquelle, en 2018, il a lancé l'initiative privée la plus ambitieuse afin de réformer l'industrie dentaire à l'échelle du Canada. Philosophe, il a à cœur la quête du bonheur des personnes qui l'entourent, patients et collègues. En 2020, il a lancé une initiative de collaboration internationale nommée les **ALPHAS** pour partager ses connaissances et pour que les entrepreneurs et les professionnels dentaires puissent se relever de la plus grande pandémie et dépression économique des temps modernes.

Ces projets ont permis au Dr Bak d'attirer les intérêts de la communauté internationale et diplomatique. Il est maintenant au centre d'une discussion mondiale sur le bien-être et l'avenir de la profession de la santé. C'est à ce propos qu'il partage ses réflexions et encourage la communauté des professionnels de la santé à partager leurs histoires. Pour soutenir la créativité et le partage de la sagesse et la croissance personnelle, le Dr Bak dirige également l'avancement de l'Intelligence artificielle chez Emotive Monde Incorporé. En intégrant l'intelligence artificielle, le design et l'édition à son flux de production, Emotive Monde est un leader mondial dans les univers de publication et de production d'histoires et de livres.

Les livres édités sont distribués par Amazon, Barnes & Noble, Apple Livres et Kindle. La société produit aussi des livres audio, nouvellement intégré en format combo pour les achats de copie papiers distribuées par Amazon et Barnes & Noble. Sous la direction du Dr Bak, Emotive Monde a lancé le protocole Apollo, permettant aux auteurs d'écrire des livres en 24 heures de temps de travail, le protocole Echo, pour produire des livres audio comme celui-ci, et également de créer et de produire des blockbusters de livres audio, U.A.X. (Ultimate Audio Experience) en streaming sur Apple Music, Spotify et tous les principaux distributeurs musicaux.

Le Dr Bak, avec son implication dans Emotive Monde, encourage la voix individuelle des auteurs du monde et les aide à atteindre leurs marchés et leur public. Oui, le Dr Bak est un auteur, mais à travers Emotive Monde, il est également une maison d'édition et un studio de production. Conférencier motivateur et entrepreneur en série, philosophe et auteur, de ses propres mots, le Dr Bak se décrit comme un dentiste par circonstances, un entrepreneur par nature et un communicateur par passion. Il détient également des distinctions du Parlement canadien et du Sénat canadien.

Du Canada, **ANDRÉ CHATELAIN** agit à titre de Consultant en Entreprise et offre des services de coaching pour gestionnaires et cadres supérieur. De plus, il contribue, auprès de l'Université de Sherbrooke, au développement de programme de formation pour les Entreprises et Étudiants de 2e cycle. Il siège également sur quelques Conseils d'administration. Jusqu'au 3 septembre 2017, il assumait la fonction de premier vice-président, Services aux particuliers, Paiement et Marketing au Mouvement Desjardins. Son mandat consistait à développer et déployer l'offre bancaire et de financement pour la clientèle des particuliers, de même que les solutions de paiement pour le groupe Desjardins. Ses équipes sont aussi responsables des activités de marketing pour la clientèle des particuliers et de commercialisation pour toutes les clientèles au Québec.

De façon transversale, sa première vice-présidence assurait également la gestion de la marque Desjardins et veillait à l'alignement et la cohésion des actions de Desjardins en matière de marketing, de commercialisation et d'expérience membre et client dans tous les canaux de distribution. M. Chatelain a œuvré pour le Mouvement Desjardins pendant 28 ans. Au cours de ces années, il a occupé divers postes dans les domaines du financement d'entreprises, du développement des affaires, de la gestion des risques, du marketing, de l'efficacité opérationnelle ainsi que de la planification stratégique. Il a, de plus, assumé plusieurs fonctions de gestion, dont celles de vice-président Gestion des Risques, de vice-président Marketing – Entreprises et, plus récemment, de vice-président principal et directeur général des Services de cartes Desjardins. M. Chatelain a siégé sur plusieurs CA à l'interne et à l'externe du Mouvement Desjardins. Il est détenteur d'une maîtrise en Administration des Affaires (MBA) de l'Université de Sherbrooke et d'un baccalauréat en administration (BAA concentration finance) de l'Université du Québec en Outaouais.

Du Canada, **FRANÇOIS DUFOUR** a été entrepreneur et spécialiste du marketing toute sa vie. Tout au long de sa carrière, il a su poser les questions difficiles à lui-même et à ses contemporains afin de mieux comprendre et d'améliorer les mécanismes sociétaux et économiques. Il est titulaire d'un baccalauréat en économie de l'Université Bishop, d'une maîtrise ès sciences de l'ESCEM-Poitiers et d'une maîtrise en administration des affaires (gestion internationale) de l'Université de Sherbrooke.

Du Canada, **TRANIE VO** est co-fondatrice et COO (directrice Générale) de Mdex & Co, une compagnie de gestion médicale. Détentrice d'un baccalauréat en Génie Mécanique de l'Université McGill, elle a co-fondé sa propre entreprise et la dirige depuis les 20 dernières années. En ce sens, Mme. Vo est une entrepreneure expérimentée incarnant le leadership au féminin ainsi que le mouvement de diversité dans la classe dirigeante. Elle a co-écrit avec son conjoint et partenaire, THE POWER BEHIND THE ALPHA, un livre témoignant la délicatesse et la balance de pouvoir entre être un leader et une femme. En 2020, par sa résilience, elle a inspiré la création des ALPHAS, une organisation d'entrepreneurs et de professionnels internationaux.

Du Canada, **William Bak,** est un jeune prodige de 12 ans. À l'âge de 8 ans, il a co-écrit une série de livres pour enfants avec son père, le Dr Bak. Père et fils, ensemble, ils changent le monde, un esprit à la fois, en écrivant des livres pour enfants. William a, jusqu'à présent, co-écrit 35 livres. Il a co-écrit les 11 livres de poulet en ANGLAIS, puis il a dû les traduire lui-même en FRANÇAIS. C'est ainsi qu'il a 22 livres de poulet. William a également co-écrit 4 livres sur l'éducation des enfants avec son père, **THE BOOK OF LEGENDS** volume 1, 2 et 3. Et le premier volume de la nouvelle trilogie THE RISE OF LEGENDS. En pleine crise sanitaire mondiale,

William a de nouveau joint forces avec son père pour écrit un livre sur la vaccination, cette fois-ci encore, dans les 2 langues, Anglais et Français. Ce livre a aussi été traduit en Espagnol.

En 2022, William a co-écrit avec son père les 2 premiers livres de la nouvelle franchise de 9 livres : LEGENDS OF DESTINY. Il a aussi co-écrit la franchise des contes de Noël, AU PAYS DES PAPAS qui comprend 2 livres. Entre temps, William a aussi écrit son premier livre solo, PAPA J'SUIS PAS CON. Pour promouvoir ses livres, William a embrassé la scène pour la première fois en 2019 pour parler à une foule de plus de 300 personnes. Depuis, il est apparu dans de nombreuses entrevues pour parler de ses livres et projets à venir. Au milieu du COVID, il s'est ennuyé et a commencé son YOUTUBE CHANNEL: **GAMEBAK**, passant en revue les jeux vidéo. Fin 2020, il a rejoint les ALPHAS en tant que plus jeune animateur du prochain mouvement mondial, **COVIDCONOMICS**, dans lequel il donne son point de vue et accueillera les opinions de sa génération.

> "Je vais vous montrer. Je ne vais pas vous forcer.
> Mais je ne vous attendrai pas."
> - William Bak et Dr. Bak

En Écrivant avec son père, William détient des records mondiaux à officialiser:

- Le plus jeune auteur qui a écrit dans 2 langues
- Co-auteur de 8 livres en un mois
- Le premier enfant à avoir écrit 24 livres pour enfants
- Le premier enfant a avoir co-signé et signé 36 livres en 45 mois

INTRODUCTION

par Dr. BAK NGUYEN
& TRANIE VO

Bienvenu(e) cher(e) Alpha. Oui, même si nous ne nous sommes jamais croisés, parce que vous tenez ce livre, vous êtes un(e) Alpha. Nous avons tous souffert au cours des 2 dernières années et demie de pandémie. Là où la plupart des gens sont fatigués et réclament leurs dus, leurs droits, ou même leurs souhaits, nous, Alphas, cherchons des solutions pour remédier aux dégâts de la dernière tempête tout en anticipant la suite pour éviter le pire. Vous êtes l'un des nôtres, vous êtes un Alpha.

Et qu'est-ce qu'un Alpha plus précisément? Nous ne prétendons pas être plus grands, plus forts ou plus importants que quiconque. Ce qui nous distingue, Alphas, est notre nature à courir vers le problème plutôt que de le fuir.

C'est pourquoi, aujourd'hui, mes mots, mon leadership, mon influence vous appartiennent. Je m'adresse à vous, en tant que citoyen concerné par l'érosion de nos marges de manœuvre, de notre indépendance d'action et de notre liberté d'horizon. Je parle bien sûr de la flambée des taux d'intérêt depuis le début de l'année 2022. L'inflation est un fléau, mais son contrepoids va causer autant de dégâts alors que le pays sort vulnérable d'une longue pandémie.

Je m'adresse également à vous en tant qu'entrepreneur, un qui a résisté à la tempête et aux inondations des 2 dernières années en COVID, tenant le fort et dirigeant son entreprise tout en prenant soin de ses patients. Si les professionnel(le)s de la santé sont nos héros et notre première ligne de défense dans la guerre du COVID, les entrepreneur(e)s tenaient la défense. Maintenant, ils/ elles sont appelé(e)s à mener la charge pour la reprise socio-économique.

Assiégé(e)s et durement éprouvé(e)s, les entrepreneur(e)s ont pris sur leurs épaules, avec l'aide des différents gouvernements, de plus en plus de dettes pour simplement palier les violences en attendant que la tempête passe. Cela a duré pour plus de 30 mois déjà.

Maintenant que nous sommes en mode de reprise socio-économique, la classe entrepreneuriale est désormais notre principal espoir et notre force de frappe pour reconstruire notre économie et guérir nos sociétés des 2 ans et demi de la pandémie.

Et pourquoi tant d'éloges aux entrepreneur(e)s? Combien de gens connaissez-vous paient pour travailler? Combien de gens connaissez-vous empruntent et hypothèquent leur avenir pour créer des emplois? Bien sûr, les entrepreneur(e)s le font avec l'espoir éventuel d'un gros retour, mais en attendant, qui paient pour travailler et pour créer des emplois, des services et de l'espoir?

Oubliez l'explosion des salaires, oubliez l'amélioration des conditions de travail, oubliez la pandémie, la fatigue et le manque de personnel, les entrepreneur(e)s n'ont pas le droit à aucune des conditions ci-haut. Pourtant, ils et elles sont au front, à chaque jour, pour tenir le système économique et la structure de nos sociétés. Après 30 mois de Pandémie, les entrepreneur(e)s doivent maintenant mener le retour à la prospérité.

"L'espoir et le moral sont le carburant des entrepreneur(e)s."

Dr. Bak Nguyen

Ils et elles tiennent bon parce qu'ils/elles croient et sont prêt(e)s à parier sur eux-mêmes (elles-même) pour montrer la voie ; et là où la voie s'arrête, à construire les ponts manquants. Eh bien, les 30 derniers mois ont été particulièrement durs pour la classe entrepreneuriale, beaucoup sont déjà tombés au front.

Maintenant que 2 guerres font rage de front, la guerre d'Ukraine et la crise de l'Énergie, ces guerres auront-elles raison de notre classe entrepreneuriale?

Ce livre porte sur l'analyse et les solutions pour éviter la crise à venir, celle qui affectera chacun d'entre nous. Mais permettez-moi encore quelques minutes pour plaider la cause de la classe entrepreneuriale et la légitimité de mon implication dans cette crise.

Alors que la pandémie s'est étendue sur les 30 derniers mois (nous n'en sommes pas encore officiellement sortis), cela a bloqué l'économie à plusieurs niveaux. Les confinements, le travail à distance, les couvre-feux et les discriminations (vax et antivax) ont changé la topographie de la vie telle que nous la connaissions.

Mes bureaux sont situés au coeur du centre-ville de Montréal, sur le Golden Square Mile, le plus prestigieux quartier de la métropole. Et bien, ces 2 dernières années, c'était une ville fantôme. La population active du centre-ville de Montréal est à peine revenus, très partiellement, depuis les derniers 4 mois.

Il ne s'agit pas ici de mon plaidoyer en tant qu'entrepreneur car je ne suis pas quelqu'un qui me plaint. Je voulais simplement illustrer une réalité souvent oubliée dans le discours de la pandémie : si l'économie globale a souffert, plusieurs économies locales ont été décimées. Montréal n'est pas un cas unique.

Pour survivre, les gouvernements ont étendu de nombreux programmes de subventions et de prêts pour aider nos entrepreneur(e)s. Grâce à cette aide précieuse, de nombreuses entreprises ont survécu à la pandémie pour maintenant faire face à de nouvelles menaces: la pénurie de personnel et l'explosion des salaires.

"Les entrepreneur(e)s ne sont pas de nature à se plaindre, toujours trop occupé(e)s à essayer de résoudre le problème."

Dr. Bak Nguyen

Pendant des mois et des mois, la classe entrepreneuriale a fait face à cette crise en essayant de combler la différence, résistant le plus longtemps possible à l'augmentation des prix. Mais, tôt ou tard, tous doivent faire face à la musique.

Désormais pris(e), entre la pénurie de personnel, l'explosion des coûts de logistiques (import-export) et la demande qui tarde encore à revenir, une nouvelle donnée menace de couler chaque navire entrepreneurial: la hausse des taux d'intérêt.

Bien sûr, l'inflation croît rapidement, au point que les experts font de leur mieux pour ne pas parler de perte de contrôle. Pendant des années, nos dirigeants ont maîtrisé l'inflation et maintenu les taux d'intérêt historiquement bas pour stimuler notre économie, maintenant affaiblie par 30 mois de pandémie.

Avec la guerre que la Russie a déclarée à l'Ukraine et la riposte de l'Occident, le prix du baril de pétrole a simplement explosé. Par conséquent, il y a encore plus de pression inflationniste sur notre économie déjà fragilisée. Depuis les 4 derniers mois, l'inflation s'est propagée comme un cancer de stade 3. Selon les derniers chiffres, l'inflation a atteint 9% aux États-Unis (juillet 2022).

À cela, nos dirigeants ont dû réagir par une hausse des taux d'intérêt pour ralentir l'économie. Ils n'ont guère le choix et n'ont que peu d'alternatives. Pourtant, ce n'est pas que l'économie qui se refroidit, mais notre espoir et notre moral déjà très éprouvés.

Ce n'est nullement mon intention de pointer quiconque du doigt. Pendant des mois, j'ai demandé aux gens de la finance, aux économistes et notre élite financière, les différents moyens pour contrer l'inflation. Tous m'ont répondu par la seule et même réponse : les taux d'intérêt.

Depuis le début de 2022, les taux d'intérêt au Canada sont passés de 0,25% à 1,50 % en juillet 2022. Demain, on s'attend à ce qu'ils soient relevés à 2,5%. C'est essentiellement 10 fois le taux d'intérêt du début de l'année.

Bien sûr, cela fait mal à beaucoup de gens. Les gouvernements eux-mêmes sont gravement affectés par le service de la dette qui a explosé pour faire face aux derniers 30 mois de pandémie. Alors, soyons clairs, il ne s'agit pas de blâmer qui que ce soit. Nous sommes tous dans le même bateau.

Mais encore une fois, je voudrais prêter la voix à la classe entrepreneuriale, trop occupée à maintenir à flot notre système criblé. La majorité, pour ne pas dire la totalité d'entre eux (elles) ont contracté des dettes substantielles pour palier les 30 derniers mois de crises, comment cette augmentation des taux d'intérêts vont les affecter?

Et bien, tous essaieront d'affronter la tempête le plus longtemps possible avant d'être complètement submergé(e)s sous l'eau. Cela se produira alors que les autres se battent pour la survie du système avec de moins en moins d'espoir, une marge de manœuvre de plus en plus réduite et une amplitude de mouvement sans horizon possible.

J'ai d'ailleurs posé la question au ministre de l'Économie du Québec, Pierre Fitzgibbon, lors d'une rencontre privée. Sa réponse était directe et très honnête: les entrepreneur(e)s doivent accepter de se diluer. En d'autres termes, les entrepreneur(e)s doivent faire appel aux gouvernements et aux fonds d'investissement privés pour faire face à la tempête à venir.

Et bien, d'une part, toutes nos entreprises et sociétés ne seront pas éligibles à de tels investissements. Face à une explosion des taux d'intérêt, non seulement les entrepreneur(e)s peinent à garder la tête hors de l'eau, mais les fonds d'investissement sont désormais de moins en moins enclin à investir dans de telles conditions. C'est que le financement est désormais plus coûteux. Ce n'est pas seulement le coût, mais le risque d'incertitude qui refroidit les investissements.

2,5% n'est pas le taux d'intérêt le plus élevé jamais enregistré, mais 10 fois le taux d'il y a 7 mois, c'est une épreuve dure à surmonter pour tous. Surtout que la tendance n'est pas prête à s'aplanir, pour emprunter le lexique de la pandémie.

Que se passera-t-il alors quand la classe entrepreneuriale tombera, les uns après les autres? Avez-vous la moindre idée du temps qu'il faudra pour les remplacer? Plus d'une génération! Gardez en tête que ces gens paient pour travailler et créent des solutions, parfois qu'avec leur créativité, résilience et volonté! Brisez les entrepreneur(e)s et vous venez de perdre vos principaux officiers pour la reprise socio-économique.

Oui, il faut lutter contre l'inflation. La pénurie de main d'oeuvre doit être adressée rapidement et de façon plus agressive. Nos professionnel(le)s de la santé ont besoin de renforts, d'encouragements, et de plus de reconnaissances. Tout cela doit être adressé pour hier, mais que pouvons-nous faire sans marge de manoeuvre et devant la peur qu'une récession mondiale est à venir?

Les experts débattront sur la récession et sa technicalité. Est-ce que la récession est à nos portes ou non, les opinions sont éparpillées. Mais, en bout de ligne, ce ne sont que des opinions. Et bien, quand il y a tant d'opinions d'experts qui se contredisent, l'opinion générale tend à supposer le pire.

Si la population s'attend au pire, elle agira conséquemment. Ainsi, tous les problèmes énumérés ci-haut se matérialiseront encore plus rapidement et prendront des proportions bibliques. L'économie est un phénomène démographique. En d'autre terme, c'est un mouvement de foule, créé par des gens et amplifié par la masse. La seule question est de savoir si nous sommes en contrôle ou tout simplement toujours en réaction?

Vous souvenez-vous de ce qui s'est passé la dernière fois que nous avons été confrontés à une crise énergétique qui a fait monter en flèche les taux d'intérêt? Les taux d'intérêt ont atteint les 20% et ont plongé le monde dans une longue récession. Et bien, cette récession n'a pas eu 30 mois de pandémie au préalable.

C'est avec cette motivation et cette détermination que j'ai continué à pousser la discussion et à mettre la table à de brillants esprits pour trouver des solutions créatives, inclusives et des alternatives. C'est ainsi qu'André Châtelain, mon ami et mentor, a répondu à mon appel.

En tant qu'ancien premier vice-président du Mouvement Desjardins, André apporte son expérience et sa sagesse à cette table ronde qu'il préside. Également à la table sont Tranie Vo, COO de Mdex & Co. et représentante des femmes entrepreneures, et François Dufour, vétéran vice-président du développement des affaires.

Pour s'assurer que nos plans soient inclusifs et répondront également aux besoins de la prochaine génération, mon fils, William Bak, auteur prodige et le plus jeune des Alphas, a demandé à avoir une place sur la table. Il a demandé, qui suis-je pour lui dire non?

Joignez-vous à nous alors que nous partageons avec vous nos conclusions et une solution pour éviter cette crise globale à l'horizon. Voici de l'espoir. Nous avons encore le temps d'agir et nous avons un plan. Ceci est **COVIDCONOMIE, CONTRER L'INFLATION SANS TOUCHER LES TAUX D'INTÉRÊT.**

Bienvenu(e)s aux Alphas.

JE REFUSE DE CROIRE QUE LE SEUL MOYEN
POUR CONTRER L'INFLATION EST L'AUGMENTATION DES TAUX D'INTÉRÊT
ET DE TUER NOTRE CLASSE ENTREPRENEURIALE DANS LE PROCESSUS
Dr. Bak Nguyen

CHAPITRE 1

"DIAGNOSTIC DIFFÉRENTIEL"

L'ANALYSE DES CAUSES DE LA CRISE INFLATIONNISTE DE 2022

PAR Dr. BAK NGUYEN
& FRANÇOIS DUFOUR

**"Comme la fièvre, l'inflation à plusieurs causes
qui varient d'une crise à l'autre."**

Dr. Bak Nguyen

Permettez-moi d'appliquer une approche médicale pour comprendre l'inflation. En médecine, il y a des symptômes et des causes. Alors que les patients se plaignent des symptômes, qui sont des signes et des douleurs qu'ils ressentent, ce n'est guère la véritable maladie à traiter.

En tant que médecins, nous atténuons les symptômes, mais pour guérir, nous devons nous attaquer à la maladie elle-même. En d'autres termes, ce qui a provoqué les symptômes.

Une des bases de la médecine est de comprendre que de nombreuses maladies peuvent avoir les mêmes symptômes. Les symptômes non traités entraîneront des complications. Résoudre les complications sera obligatoire, mais cela ne guérit toujours pas la maladie elle-même. Dans ces cas, les symptômes se manifesteront à nouveau.

Si j'applique la même logique, l'inflation est-elle un cancer (maladie) comme nous l'avons appelée? Est-ce un symptôme ou est-ce une complication? Je suis sûr que différents experts auront des opinions différentes. C'est pourquoi, j'ai demandé à mon co-auteur, François Dufour, économiste de formation, de nous livrer son analyse.

En attendant, voici mon diagnostic différentiel. L'inflation est une complication, une fièvre qui résulte d'une cause antécédente. Tout comme le corps, notre système économique est un équilibre, balançant et tamponnant de nombreux éléments différents : l'offre, la productivité, le transport, la distribution, les salaires, les matières premières, la demande, etc...

Tous ces éléments sont variables et toujours changeants. Depuis la mondialisation de notre chaîne d'approvisionnement, le système est en constante évolution et en constante adaptation. Toutefois, le système a été conçu pour absorber beaucoup de variantes sans basculer drastiquement.

Repassons en revue chacun de ces éléments et replaçons-les en contexte pour comprendre la crise inflationniste de 2022.

APPROVISIONNEMENT: il n'y avait pas de pénurie significative, au début de 2020, la production mondiale était stable. Puis le COVID est arrivé et les pays du monde entier ont temporairement ralenti ou momentanément arrêté leur production pour limiter la propagation du virus COVID.

De notre vivant, ce fut le tout premier arrêt complète de la chaîne d'approvisionnement et de production mondiale, globale, des MATIÈRES PREMIÈRES à la TRANSFORMATION, à la DISTRIBUTION. Cela est arrivé sur une échelle mondiale et en simultané. Le système a absorbé les arrêts et tamponné, dans un premier temps, les manques à gagner grâce à nos réserves.

Les différents pays ont réagi aux différentes vagues d'infection. Une fois que nous avons commencé à arrêter la productivité mondiale, il a fallu un certain temps pour percevoir son effet. Nous avions encore des réserves et nos tampons ont permis de stabiliser la situation. Pourtant, le système n'a jamais pu reprendre dans son ensemble depuis sa pause initiale.

Vous souvenez-vous qu'en début de pandémie, nos dirigeants parlaient de faire une pause de 2 semaines? Et bien, nous savons tous trop bien ce qui s'est passé après. Je ne blâme personne ici, nul(le) ne savait vraiment ce qui se passait vraiment. Pendant des mois et des mois, nous étions en mode réaction.

Qu'est-ce que le mode réaction? Et bien, c'est d'examiner les signes et les symptômes et de prendre nos décisions en conséquence. En d'autres termes, nous sommes toujours en retard par rapport aux évènements. L'ironie de cette inflation est qu'elle est littéralement la complication d'un virus, le COVID.

Alors que le COVID se répandait dans le monde, différents pays confinaient à des moments différents, mais la plupart les pays faisaient fondamentalement la même chose. Si vous regardez les données historiques, les confinements régionaux ressemblaient étrangement aux différents fuseaux horaires suivant la rotation de la Terre.

Dès que cela fut possible, les pays ont repris leur production dès que les autorités sanitaires locales ont jugé les risques de contagions acceptables. Par intermittence, nous avons ralenti, bloqué et même arrêté la chaîne d'APPROVISIONNEMENT, de PRODUCTION et de DISTRIBUTION mondiales.

Donc, si on considère les confinements momentanés comme une simple « *PAUSE* », après la pause générale, d'autres pauses se sont relayées à l'échelle mondiale. Si en début de la pandémie, les pays ont agi en symphonie (tous les dirigeants mondiaux réagissaient, plus ou moins à l'unisson), rapidement, les pauses se sont multipliées et sont devenues de moins en moins synchronisées. En d'autres termes, le système n'a jamais redémarré dans son ensemble, il est resté en mode tampon depuis.

Cela a pris quelques mois, mais la chaîne d'approvisionnement a commencé à montrer des faiblesses et des manques dès 2020. La pénurie de puces affectant l'industrie automobile en est un excellent exemple.

Étant donné que la plupart des constructeurs automobiles opèrent sur le modèle de la mondialisation, tous ont souffert du même manque en même temps, peu importe le modèle ou la marque. Par conséquent, un ralentissement mondial, pour ne pas dire, un arrêt, a causé la première pénurie de produits. Aucune organisation, à elle seule, aussi grande quelle soit, ne pouvait prévoir ou pallier ce manque.

Les concessionnaires automobiles ont rapidement épuisé leur inventaire. En l'espace de quelques mois, le marché secondaire de l'automobile a vu ses chiffres exploser par la montée des prix de vente. Oui, les voitures d'occasion ont gagné en valeur! Ceci n'est qu'un exemple.

Dans le contexte de la mondialisation, certains pays sont producteurs de MATIÈRES PREMIÈRES, d'autres sont dédiés davantage à la TRANSFORMATION des matières premières en produits. D'autres, excellent dans le TRANSPORT. Seuls nos systèmes de DISTRIBUTION sont régionaux.

Peu importe le secteur d'activité ou l'expertise, les réactions et les réponses ont été les mêmes à l'échelle mondiale. Au final, les populations ont été mises en pause, arrêtant ou, du moins, diminuant leur productivité temporairement. En raison de la multiplication des confinements et de leur différent timing au cours des 30 derniers mois, notre système en pause n'a jamais complètement repris.

Quelque soit votre industrie, quelque soit votre pays, au cours des 30 derniers mois, il y a de fortes chances que vous n'ayez pas produit autant qu'avant. C'était souvent hors de votre contrôle.

Et bien, mettre les gens en pause pour plus de 2 semaines, puis de s'ajuster en leur demandant de travailler à distance, de concert avec la fermeture des écoles ont déclenché un autre phénomène : **L'EXODE**. En Asie, les histoires de personnes quittant les grandes villes pour retourner dans leurs villages abondent. En Amérique du Nord, les autorités ont même encouragé le retour des étudiants étrangers dans leur pays en vidant les campus universitaires.

La migration due au COVID a son lot d'histoires d'horreur de famille séparées ou coincées entre les frontières alors que les différentes autorités fermaient leurs frontières locales.

En Occident, les gens quittaient la ville. Une fois les écoles fermées, plus rien ne retenait les familles à une localité. Ceux qui en avaient les moyens ont migré de leur condo vers de plus grandes maisons en banlieue et même au-delà.

Des mégapoles comme New York se sont vidées. Si vous voulez des preuves concrètes, consultez les chiffres du marché immobilier de New York des 30 derniers mois, les chiffres parlent d'eux-mêmes. En 2022, si vous visitez la ville de New York, vous verrez à quel point les grues de construction ont presque déserté l'entièreté de la ville. 5 ans plus tôt, partout où vous tourniez les yeux, vous pouviez voir des grues de construction.

Tout le monde n'a pas déménagé, seuls ceux qui en avaient les moyens l'ont fait. Cela a changé la topographie de la démographie locale. Alors que les écoles reprenaient de la maison, les familles avaient le temps de déménager et de se réadapter à leur nouvel environnement entre les différents confinements.

Ceci n'est qu'une partie de l'histoire. De plus en plus de gens ont été temporairement mis à pied, en attendant les autorités sanitaires, puis en attendant que la demande reprenne. Ce qui avait commencé par 2 semaines est devenu des mois et même des années. Eux aussi, ont dû se réadapter et beaucoup, fatigués d'attendre, ont changé d'industrie, d'emploi ou, tout simplement, sont partis.

D'autres, avec beaucoup de temps libres, ont repensé leurs choix de vie et ont réaxé leur carrière.

"Il est bien connu que la plupart des gens travaillent pour gagner leur vie, maintenant que le travail est parti ou en pause, la vie prend de plus en plus d'importance."
Dr. Bak Nguyen

C'était comme si tout le monde traversait une crise existentielle ou une crise de la mi-quarantaine en même temps. Cette histoire est loin d'être unique, c'est un phénomène général et planétaire.

D'autres sont tombées enceintes, certaines, à plus d'une fois au cours des 30 derniers mois, entraînant de nombreux congés de maternité! Cela aussi a contribué à changer la démographie et la population active au travail. Combinez tous ces phénomènes démographiques en simultané et vous avez la pénurie de personnel que le monde a commencé à connaître en 2021.

Par conséquent, la production a diminué et même stagné dans plusieurs secteurs. Les salaires ont explosé et soudain, la structure de la société est inversée: les employeurs sont maintenant à la merci de leurs employés. Cela s'est traduit non seulement par une augmentation des salaires, mais aussi des changements des conditions de travail et mêmes des heures d'ouverture! Sur ce, chaque industrie a sa propre histoire à conter.

L'exemple le plus récent que je peux vous donner pour illustrer comment notre système n'a jamais complètement repris est la crise actuelle dans nos aéroports, alors que les citoyens sont enfin autorisés à voyager à l'étranger après plus de 2 ans.

Même si les frontières n'ont pas été fermées pendant 30 mois, il a fallu près de 24 mois avant que la vaccination de toute la famille puisse être complétée. En été 2022, dès la fin de l'année scolaire, les familles totalement vaccinées à la recherche de ces vacances tant attendues, ont inondé les aéroports.

Les équipages aériens et les employés des aéroports, en personnel réduit, n'étaient pas prêts pour palier le retour de la demande et en a subi le choc. Face au retour de la demande, les employeurs ont rappelé leur main-d'œuvre en congé forcé. Une bonne portion n'était plus intéressée ou disponible, ayant changé d'industrie, déménagé, etc.

C'est ainsi qu'en été 2022, les médias rapportent des retards dans les aéroports et du cauchemar de la logistique entourant les bagages, du moins au Canada. Aucun reproche, juste des faits. Le manque de personnel est-il alors un problème? Bien sûr que oui! Mais c'est une complication de phénomènes démographiques beaucoup plus profonds.

Ainsi, la pénurie de personnel, l'explosion des salaires, la pénurie d'inventaire et même la perturbation du transport des marchandises ont tous contribué à l'augmentation de l'inflation.

Et depuis les Jeux Olympiques de Pékin, la Chine a signalé une augmentation alarmante de la propagation du COVID. En conséquence, leurs autorités ont confiné des villes entières, les unes après les autres. La Chine est un joueur manufacturier majeur de la mondialisation, comment pensez-vous que cela affectera le système?

Tous ces facteurs ont contribué à une augmentation de l'inflation, par une baisse de production alors que la demande est restée à peu près la même. Ce sont là des phénomènes démographiques majeurs qui ont provoqué l'explosion de l'inflation, n'est-ce pas?

Pour répondre à cette question, examinons quelques chiffres sur l'inflation pour l'Amérique du Nord et l'Europe largement disponibles par une simple recherche Google.

INFLATION

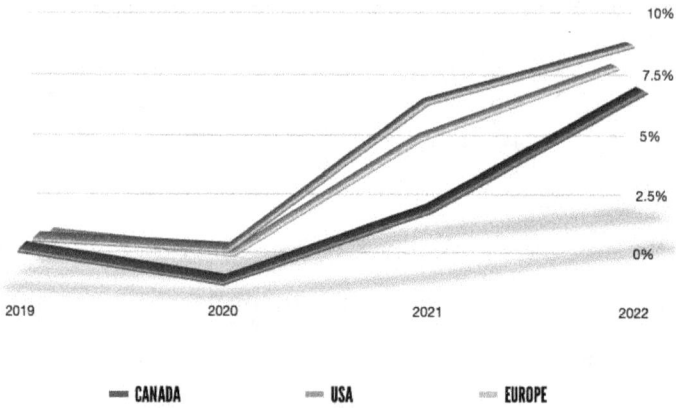

2022	CANADA	ÉTATS-UNIS	EUROPE
2019	1,95%	1,81%	1,44%
2020	0,72	1,4%	0,68%
2021	3,4%	7%	5,35
2022	7,7% (MAI)	9,1% (JUIN)	8,1% (MAI)

En regardant ces chiffres, nous pouvons tous constater comment l'inflation a évolué au cours des 30 derniers mois. En 2020, l'inflation a diminué partout, même si la production avait chuté. Cela peut s'expliquer par une baisse de la demande due au COVID et à la réserve dont disposait le système mondial comme tampon.

En 2021, la pénurie de personnel et la manifestation des différents phénomènes démographiques en cours ont affecté le taux d'inflation. Mais en 2022, que s'est-il passé?

INFLATION

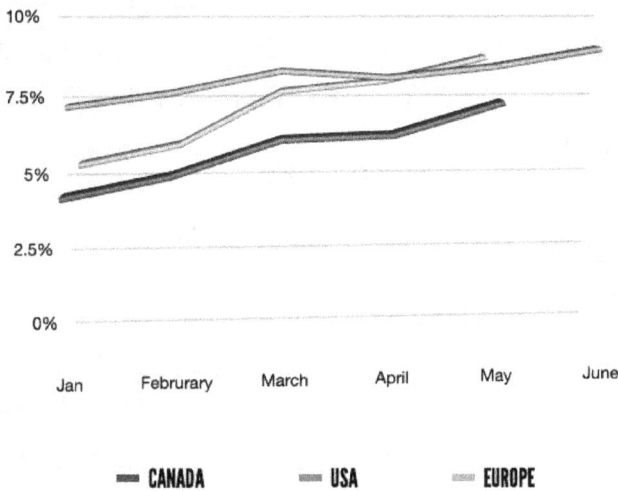

2022	CANADA	ÉTATS-UNIS	EUROPE
Jan	5,1%	7,5%	5,6%
Fev	5,7%	7,9%	6,2%
Mars	6,7%	8,5%	7,8%
Avril	6,8%	8,3%	8,1%
Mai	7,7%	8,6%	8,8%
Juin		9,1%	

Notez que les pays avec les plus haut taux d'inflation (mai 2022) en Europe étaient l'Estonie (20,1%), la Lituanie (18,5%) et la Lettonie (16,8%). Ces 3 pays avaient une inflation très différente en mai 2021: Estonie (3,2%), Lituanie (3,5%) et Lettonie (2,6%).

En mai 2021, le monde était déjà en pandémie depuis plus d'un an et l'inflation augmentait, mais était encore sous contrôle. Ensuite, nous avons manqué de tampons. Mais que s'est-il réellement passé en 2022? Comment est-on passé de 3,4% à 7% au Canada entre 2021 et juin 2022? Comment les États-Unis sont-ils passés de 7% à 9% et l'Europe de 5,35% à 8,1% durant la même période ?

À l'exception des États-Unis, la tendance est très claire pour le Canada et l'Europe qui ont connu une énorme augmentation en 2022. Que s'est-il passé? C'est ce que je voulais dire par diagnostic différentiel. Avant de tirer des conclusions, je vais laisser la scène à mon ami et collègue François Dufour, économiste, pour vous présenter son analyse et ses explications.

HYPERINFLATION

La Seconde Guerre mondiale a été en partie déclenchée par l'hyperinflation. La population allemande avait besoin d'une brouette d'argent pour acheter une simple miche de pain. Cette hyperinflation a apporté beaucoup de pauvreté et de désespoir qui ont conduit à des troubles politiques, à la montée du fascisme et aux horreurs dont le monde a été témoin.

Nous sommes loin de cette réalité, mais nous devons toujours nous souvenir de cette partie tragique de l'histoire de l'humanité. À l'heure actuelle, la croissance de l'IPC aux États-Unis est de 9,1 % d'une année à l'autre, comparativement à 2,0 % en avril 2019. Cette augmentation drastique me rappelle une citation célèbre d'Albert Einstein:

"Les intérêts composés sont la huitième merveille du monde. Celui qui le comprend s'enrichit ; celui qui ne le comprend pas, le paie."

Albert Einstein

En d'autres termes, nous sommes peut-être confrontés à une force qui est extrêmement difficile à contrôler. Voici un graphique de l'inflation de l'Allemagne dans les années 20:

Germany's 1920s Inflation

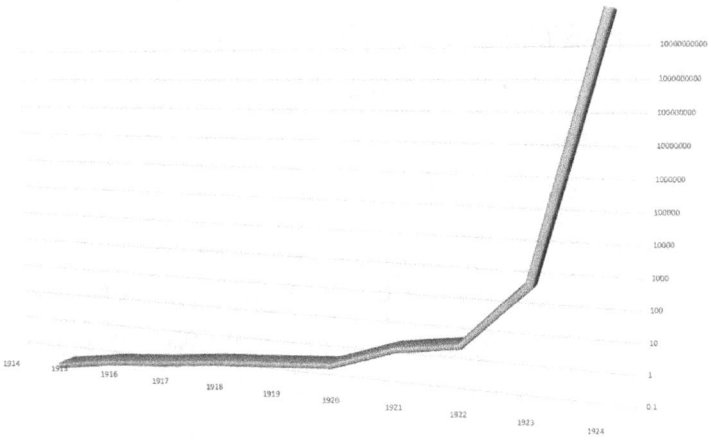

Nous pouvons voir sur ce graphique une formule exponentielle claire qui se glisse dans les premières années pour finalement exploser dans cette figure typique de bâton de hockey (étant Canadien, je me devais obligatoirement utiliser cette analogie).

L'une des raisons de cet événement dramatique est l'impact des dépenses de la 1ere guerre mondiale. L'Allemagne a été impliquée dans une guerre très coûteuse et prolongée au début du siècle. Les guerres sont l'une des principales raisons des dépenses et de l'inflation que nous couvrions plus loin dans ce chapitre.

Qu'est-ce qui fait exactement que cette force s'efforce d'augmenter à un rythme exponentiel? En termes simples, l'OFFRE et la DEMANDE. Tout le monde sait que lorsque l'offre d'un bien dépasse la demande, cela rend le bien moins désirable ou, en termes économiques, lui donne une utilité réduite.

Un bien typique pourrait être l'offre de voitures. Si le marché est inondé de voitures et que l'offre dépasse de loin la demande, nous pouvons nous attendre à une baisse des prix des voitures. La même chose peut être appliquée pour l'argent. Lorsque le gouvernement dépense de l'argent (imprime de l'argent) pour effectuer des paiements pour les biens et les services, force externe qui établit ses propres règles et dont les dépenses n'ont pas de limite, on est témoin d'une inondation du marché de ces devises.

Lorsque l'offre d'argent (devises) dépasse celle de la demande, nous pouvons assister à une diminution de sa valeur/utilité. Explorons quelques politiques économiques qui ont été mise en place récemment et qui ont accru les pressions inflationnistes sur la monnaie américaine. Nous examinerons la question du point de vue des États-Unis pour donner au lecteur un cadre de référence familier.

L'ACT CLINTON HOMEOWNERSHIP COMMUNITY REINVESTMENT

Le Clinton Homeownership Community Reinvestment Act, les régulateurs de la Loi sur le réinvestissement communautaire ont donné aux banques des notations plus élevées pour les prêts immobiliers consentis dans les zones « privées de crédit ». De plus, les cotes de crédit et la stabilité du revenu n'étaient plus des critères pour emprunter de l'argent dans des institutions comme Freddie Mac et Fanny Mae (les deux sociétés de prêts hypothécaires résidentielles garanties par le gouvernement fédéral).

Cet accès accru à l'accession à la propriété a poussé les prix de l'immobilier à la hausse, créant ainsi plus d'argent sur le marché. Lorsque Grand-Papa vend la maison qu'il a payé 40 000 $ pour 1 million de dollars, nous assistons à une énorme somme d'argent entrant dans l'économie. Grand-Papa se retourne ensuite et achète des biens de consommation, augmentant ainsi les prix de tous les biens compte tenu que la demande augmente plus rapidement que l'offre. Voilà l'apparition de l'inflation pour le bien en question.

Cela produit une corrélation inverse avec la valeur de l'argent (le pouvoir d'achat). Certains diront également que la Loi sur le réinvestissement communautaire est l'une des causes de la crise des *subprimes* de 2008 qui a mené à une récession dont nous discuterons plus loin dans ce chapitre.

LES GUERRES EN IRAK ET EN AFGHANISTAN

Les guerres en Irak et en Afghanistan ont probablement été l'une des dépenses les plus importantes de l'histoire de l'humanité. 8 billions de dollars est le dernier chiffre en date. En effet, non seulement le coût des armes, du personnel, de l'équipement et de la logistique, mais aussi le choc après la guerre, comme les coûts rattachés aux soins des anciens combattants. En outre, beaucoup de problèmes sociaux découlent de guerres, comme la perte d'un membre de famille. Ces questions sociales finiront par coûter très cher à la société.

Les campagnes de l'Irak et de l'Afghanistan par exemple étaient d'environ 6 billions de dollars en coûts totaux, mais un autre 2 billions de dollars pour les anciens combattants jusqu'en 2050 a été ajouté par l'Institut Watson de l'Université Brown à la formule. Cet afflux d'argent dans l'économie américaine équivaut à 5 fois le PIB annuel du Canada. C'est une énorme somme d'argent de proportions gargantuesque qui augmente ladite offre d'argent.

LA CRISE DES SUBPRIMES

En 2008, la crise des subprimes qui a conduit à une récession mondiale a créé certaines des faillites les plus choquantes de l'histoire du capitalisme. Pour n'en nommer que quelques-unes : Lehman Brothers, CIT Group, Chrysler, GM, Ambac, Guaranty Financial Corp, Tribune Company, Charter Communications.

Certaines de ces entreprises ont complètement disparues de la carte, mais d'autres ne l'ont pas fait. En lisant la liste, vous vous êtes probablement rendu compte que certaines de ces entreprises existent encore et que d'autres sont très florissantes et ce grâce au programme de renflouement des entreprises du gouvernement américain.

Les coûts de ces renflouements se sont élevés à 498 milliards de dollars selon le MIT. Un autre acte d'imprimer de l'argent (le terme imprimer de l'argent est souvent utilisé dans la vie quotidienne lorsqu'on parle de dépenses gouvernementales) et ce depuis que la FED a quitté les étalons-or en 1971 sous la présidence de Richard Nixon, qui fixait chaque dollar sur la réserve d'or, 35 dollars équivalant à une once d'or. Chaque dollar qui était dans votre portefeuille pourrait techniquement être échangé contre de l'or. C'était donner de la valeur à l'argent, une utilité, mais aussi le contrôle de son approvisionnement étant donné que l'or est un minéral avec des ressources limitées sur notre planète.

Ainsi, imprimer de l'argent signifie que le gouvernement n'a pas de limites quand vient le temps de dépenser. Avec des décrets ou des projets de loi adoptés, le gouvernement peut augmenter ses dépenses à volonté sans aucune contrainte d'une réserve limitée de monnaie. Le gouvernement a accès à un puits de capitaux inépuisable qui ne se dessèchera jamais.

LA PANDÉMIE DU COVID-19

Un autre événement qui n'a certainement pas été planifié ni prédit est la pandémie mondiale de Covid-19. La pandémie a mis l'économie en pause pendant quelques années. Certains pourraient dire que le moment était idéal pour ralentir l'économie déjà surchauffée par le plein emploi. Mais la pandémie a entraîné des répercussions beaucoup plus graves au quotidien.

Les répercussions n'ont pas été prévues et hors de tout imaginaire, ont pris tout le monde par surprise. Encore une fois, le gouvernement a dû distribuer beaucoup d'argent dans l'économie afin d'aider les entreprises, le supplément de revenu des gens, les mesures sanitaires, l'équipement et la logistique pour le secteur de la santé.

En outre, des dépenses ont été faites dans la recherche scientifique pour un vaccin, puis une fois en production, l'achat de millions de doses du vaccin. Les États-Unis ont dépensé environ 4,5 Trillion de dollars dans le programme de secours COVID et le Canada, qui est 10 fois moins peuplé, a dépensé environ 600 milliards de dollars.

La masse monétaire a entraîné, au même rythme dans l'économie, une pression inflationniste majeure à la hausse.

Toutefois, certains autres facteurs économiques n'ont pas été pris en compte pour le temps de reprise. En fait, les chaînes d'approvisionnement ont été durement touchées, ce qui a mis une autre forme de pression sur les prix.

L'offre de biens est affectée, mais contrairement à l'offre de monnaie, l'offre de biens a été affectée négativement. Une réduction de l'offre se traduira par des prix plus élevés si la demande reste la même. Les chaînes d'approvisionnement ont été touchées pour les raisons suivantes: de nombreuses usines ont dû fermer sous mandat COVID pour réduire la propagation du virus, mais aussi beaucoup de gens ont décidé de prendre leur retraite compte tenu de la situation en place. S'ils hésitaient avant COVID, c'était le petit coup de pouce qui les a fait vaciller.

Étant donné également que la population du monde occidental est vieillissante, nous avons vu un nombre disproportionné de personnes prendre leur retraite. Cette pénurie de main-d'œuvre et de travailleurs a eu un impact direct sur la production et les chaînes d'approvisionnement.

L'INVASION DE L'UKRAINE

Un autre événement majeur en cours au moment de la rédaction de ce livre est la guerre en Ukraine. Le gouvernement américain a dépensé environ 56 milliards de dollars en aide militaire, un autre afflux de capitaux et une dévaluation de l'argent compte tenu de l'augmentation de l'offre. Le conflit a non seulement augmenté les dépenses gouvernementales, mais a également provoqué une frénésie des commerçants alors que le prix du baril de pétrole a augmenté de plusieurs fois.

Les sanctions économiques contre la Russie ont créé une pénurie de pétrole sur le marché mondial. Il est bien indiqué dans ce livre que cette augmentation des prix a eu un impact significatif sur les prix de tous les biens et produits de base car leur transport est maintenant 2 à 3 fois plus cher.

Ce choc sévère sur l'approvisionnement en pétrole et sa forte augmentation des prix à la pompe à essence ont déclenché l'initiative du Dr. Bak d'écrire ce livre. Nous discutons d'une solution pour contrôler le prix du pétrole.

De nos jours, étant donné que nous n'utilisons plus les étalons-or et que nous sommes en monnaie libre pour tous, il existe quelques mécanismes qui peuvent être utilisés pour contrôler l'offre de monnaie. Selon **Milton Friedman**, l'outil numéro un serait d'augmenter les taux d'intérêt. Il existe deux façons de le faire, le taux bancaire au jour le jour fixé par le gouvernement, mais aussi la question de la dette.

En fait, en émettant de la dette, le mécanisme s'actionner de 2 façons, 1 en supprimant les devises en circulation que les gens utilisent pour acheter la dette, également en augmentant le taux d'intérêt et de rendre plus attrayant d'épargner et d'investir, encore une fois réduire l'argent en circulation.

Une autre façon est de contrôler le coût de la main-d'œuvre qui a été essayée au début des années 80 et qui a été un fiasco total parce que les prix ne pouvaient pas s'ajuster assez rapidement pour maintenir le pouvoir d'achat des travailleurs.

Une autre façon est de contrôler le prix de l'énergie, réduisant ainsi les coûts des biens dans tous les domaines le long de la chaîne d'approvisionnement.

Joignez-vous à nous alors que nous partageons avec vous nos conclusions et une solution pour éviter cette crise globale à l'horizon. Voici de l'espoir. Nous avons encore le temps d'agir et nous avons un plan. Ceci est **COVIDCONOMIE, CONTRER L'INFLATION SANS TOUCHER LES TAUX D'INTÉRÊT.**

Bienvenu(e)s aux Alphas.

JE REFUSE DE CROIRE QUE LE SEUL MOYEN
POUR CONTRER L'INFLATION EST L'AUGMENTATION DES TAUX D'INTÉRÊT
ET DE TUER NOTRE CLASSE ENTREPRENEURIALE DANS LE PROCESSUS
Dr. Bak Nguyen

1 https://www.businessinsider.com/weimar-germany-hyperinflation-explained-2013-9
2 https://watson.brown.edu/costsofwar/
3 https://mitsloan.mit.edu/ideas-made-to-matter/heres-how-much-2008-bailouts-really-cost
4 https://www.usaspending.gov/disaster/covid-19?publicLaw=all
5 https://nationalpost.com/news/politics/federal-government-has-spent-576b-in-new-measures-since-start-of-covid-pandemic-pbo-report

CHAPITRE 2
"LA TEMPÊTE PARFAITE"
L'HISTOIRE SE RÉPÈTE
PAR Dr. BAK NGUYEN

Même si on dit souvent que l'Histoire se répète, ce n'est pas toujours vrai à 100%. Chaque crise est particulière et a ses propres particularités. Nous venons de couvrir la crise de l'inflation de 2022 et ce qui a conduit à son explosion.

> **"Si le feu a besoin d'air pour respirer et d'huile pour accélérer, l'hyperinflation se nourrit de peur et de pétrole."**
>
> Dr. Bak Nguyen

La peur et le manque de pétrole sont principalement à l'origine de la montée vertigineuse de l'inflation de 2022. Au Canada, la guerre et le prix du pétrole ont fait passer le taux d'inflation de 3,4 % à 7,7 % en mai 2022; en Europe, celle-ci est passée de 5,35% à 8,1% pour la même période. Aux États-Unis, l'inflation est passée de 7 % (2021) à 9,1 % en juin 2022. La pandémie et ses effets ont provoqué la première série de chiffres jusqu'en fin 2021. C'est l'inflation causée par la pandémie et aux pénuries résultantes.

45

Mais l'inflation de 2022 est marqué par l'invasion de l'Ukraine par la Russie. Après les condamnations internationales, l'Occident, mené par les États-Unis, a pris des sanctions économiques sévères pour réagir à la déclaration de guerre par la Russie.

Ce qui était une invasion sur un front militaire d'une superpuissance envahissant un pays voisin est devenu une guerre économique entre la Russie et l'Occident. Les mesures annoncées ont mis des semaines et des mois à entrer en vigueur, et pourtant, leurs effets sur l'inflation ont été immédiats. Voici une carte de l'Europe et des taux d'inflation comparant mai 2022 et mai 2021, et sa géolocalisation avec la proximité avec la zone de guerre (Ukraine).

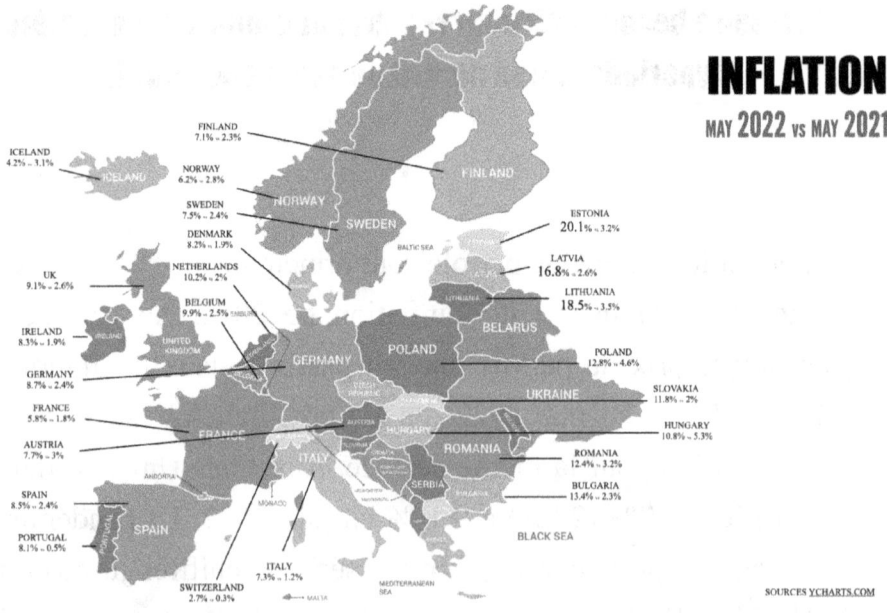

INFLATION
MAY 2022 vs MAY 2021

ICELAND 4.2% - 3.1%
FINLAND 7.1% - 2.3%
NORWAY 6.2% - 2.8%
SWEDEN 7.5% - 2.4%
DENMARK 8.2% - 1.9%
ESTONIA 20.1% - 3.2%
LATVIA 16.8% - 2.6%
LITHUANIA 18.5% - 3.5%
UK 9.1% - 2.6%
NETHERLANDS 10.2% - 2%
BELGIUM 9.9% - 2.5%
IRELAND 8.3% - 1.9%
GERMANY 8.7% - 2.4%
POLAND 12.8% - 4.6%
SLOVAKIA 11.8% - 2%
FRANCE 5.8% - 1.8%
HUNGARY 10.8% - 5.3%
AUSTRIA 7.7% - 3%
ROMANIA 12.4% - 3.2%
SPAIN 8.5% - 2.4%
BULGARIA 13.4% - 2.3%
PORTUGAL 8.1% - 0.5%
ITALY 7.3% - 1.2%
SWITZERLAND 2.7% - 0.3%

SOURCES YCHARTS.COM

46

Comme vous pouvez le constater, l'inflation a explosé sur tous les fronts en 2022, tandis qu'en 2021, après plus de 12 mois de pandémie, l'inflation est restée « *sous contrôle* ». L'autre fait intéressant à souligner est à quel point les taux d'inflation des pays les plus proches de la Russie sont élevés, craignant le même sort que l'Ukraine (l'invasion).

Comment le **FACTEUR PEUR** affecte l'inflation ? Eh bien, l'inflation est le résultat de l'équilibre entre l'offre et la demande. Avec la peur en place, soit que la demande augmente en raison des changements de comportements, soit que la productivité chute en raison des changements de comportements ou, ce qui est plus plausible, serait une combinaison des deux.

Le **FACTEUR PEUR** est indéniable. L'Estonie, la Lettonie et la Lituanie affichent désormais un taux d'inflation supérieur au double de la moyenne du continent européen. Avant la guerre, leur taux d'inflation était bien dans la moyenne européenne. En s'éloignant de l'Ukraine, le taux d'inflation diminue pour se situer dans la moyenne européenne. Ceci permet d'isoler l'effet de la **GUERRE** et du **FACTEUR PEUR**.

"L'inflation est un phénomène de foule."
Dr. Bak Nguyen

Pris au coeur d'une panique et dans une foule, pour survivre, vous devez courir dans la même direction, le plus vite possible pour ne pas vous faire piétiner. Éventuellement, vous serez amené à courir même plus vite que la foule, sans peut-être n'avoir jamais compris pourquoi vous couriez à l'origine.

Voilà l'effet de l'invasion de l'Ukraine sur les taux d'inflation mondiaux. Cela a commencé par la peur et les gens ont réagi proportionnellement à leur proximité avec la zone de conflit. Plus ils se sentent en sécurité, moins ils réagissent. Mais dès que la population sent la menace s'approcher, elle va réagir et amplifier le mouvement de panique, le mouvement de foule.

Alors, que pensez-vous des conséquences de continuer à augmenter les taux d'intérêt? Le signal envoyé à la population est que nous sommes en panique et qu'il faut ralentir l'économie. En d'autres mots, que les choses vont mal et que la perte de contrôle est imminente. Avec une hausse de 1% par la Banque centrale du Canada en juillet 2022, quel signal envoyons-nous à la population, loin des frontières russes? Nous venons d'importer la peur à l'intérieur du pays et dans nos foyers! Est-ce le bon remède pour calmer cette fièvre?

Gardons à l'esprit que nos économistes ne sont pas à blâmer, ils n'ont qu'une seule arme pour contrer l'inflation et c'est l'augmentation des taux d'intérêt.

"Il est temps pour nous de poser plus de questions, d'être plus créatifs et conséquents."

Dr. Bak Nguyen

Dans le dernier chapitre, je me demandais pourquoi aux États-Unis, l'inflation a bondi différemment, passant de 7% fin 2021 à 9,1% en juin 2022? J'ai fait quelques recherches dans ce sens. Saviez-vous que les États-Unis disposent d'une **RÉSERVE STRATÉGIQUE DE PÉTROLE** de 727 millions de barils de brut ?

Même si les taux d'inflation étaient élevés en 2021, alors que l'administration Biden annonçait des sanctions économiques sévères contre la Russie, elle a amorti une partie des effets grâce à ses propres réserves de pétrole.

En juillet 2022, le prix de l'essence à la pompe a diminué en Amérique du Nord en raison de l'annonce par l'administration Biden de vendre 1 million barils de pétrole brut par jour pour les 6 prochains mois à l'Europe et à l'Asie. Cela est pour combler le manque à gagner du pétrole Russe sur les marchés internationaux. Il s'agit du plus grand retrait de leurs réserves stratégiques de l'histoire des États-Unis.

Même si l'inflation n'est pas uniquement due aux prix du baril, à lui seul, celui-ci dicte le taux d'inflation. La dernière décision des États-Unis illustre bien cette relation directe.

Alors ne vous y trompez pas, nous sommes en guerre! Mais qui est l'ennemi? La Russie? Je vous laisse tirer vos propres conclusions. Mais si on regarde l'Histoire, voici ce qui s'est passé la dernière fois que nous avons connu une crise énergétique de cette amplitude.

En octobre 1973, l'Organisation des pays arabes producteurs de pétrole, dirigée par l'Arabie Saoudite, a imposé un embargo pétrolier contre les États-Unis, le Royaume-Uni, le Canada, le Japon, les Pays-Bas, le Portugal, la Rhodésie et l'Afrique du Sud. Par conséquent, le prix du baril de brut a augmenté de 300%, passant de 3$ à 12$ à la fin de 1974. Cela a durement frappé les États-Unis qui avaient considérablement diminué leur production nationale de pétrole depuis 1959.

Cela a déclenché un long déclin économique avec des effets dévastateurs sur l'économie mondiale. L'embargo a été levé en mars 1974. Toutefois, les dommages étaient déjà bien encrés. Cela a contribué à affaiblir la valeur du dollar américain, et sa position sur le marché mondial pour le reste de cette décennie.

Par conséquent, l'inflation a augmenté considérablement. Au début des années 80, la Réserve fédérale avait augmenté les taux d'intérêt pour lutter contre l'inflation. Cette flambée de l'inflation était due aux prix du pétrole combinés à un dollar faible. Au cours des années suivantes, 1981 et 1982, les États-Unis n'ont connu que très peu ou pas de croissance économique, parce que les taux d'intérêt continuaient sans cesse d'augmenter. Le taux de chômage est passé de 3,8% à 24% de 1978 à 1982 aux États-Unis.

Ce qui a commencé en 1973 par une crise énergétique a ouvert la voie à 3 récessions, les récessions de 1973-75, de 1980-82 et de 1990-91. Si le prix du pétrole a commencé la cascade inflationniste, les taux d'intérêt élevés ont contribué aux 2 récessions suivantes, consécutivement.

Si nous mettons tout cela en perspective, le prix du pétrole a déclenché une réaction en chaîne menant à l'inflation. Cette guerre du pétrole a duré de 1973 à 1974, mais l'inflation n'a cessé d'augmenter pour le reste de cette décennie. En réaction, les banques centrales ont relevé leurs taux d'intérêt, provoquant les 2 récessions suivantes, au cours des 16 prochaines années.

Ceci est juste pour illustrer l'effet du prix du pétrole sur l'inflation et les conséquences de notre remède (augmentation des taux d'intérêt) sur l'économie et sur nos sociétés. L'augmentation des taux d'intérêt ne fait pas que réduire l'argent disponible, mais envoie aussi clairement un signal d'insécurité et de peur!

"L'inflation est un phénomène de foule."
Dr. Bak Nguyen

Mettez maintenant cela en perspective, dans la crise inflationniste de 2022, alors que la peur et la division ont eu le meilleur de nous depuis les 30 derniers mois en pandémie. Autrement dit, le feu est déjà bien amorcé. Ajoutez à cela le **FACTEUR PÉTROLE** et l'inflation est hors de contrôle. À l'inflation, notre réponse est d'augmenter les taux d'intérêt, c'est-à-dire de faire passer le message de peur à l'intérieur de nos frontières et dans nos foyers au quotidien. Que pensez-vous qu'il va suivre?

Malheureusement, la situation est encore plus complexe. Les premiers dommages collatéraux de la hausse des taux d'intérêt sera l'entièreté de notre classe entrepreneuriale qui s'est endettée à grande échelle pour palier la pandémie des derniers 30 mois. Les hausses des taux d'intérêts vont exterminer l'entièreté de la classe sur laquelle nous comptions pour mener le retour à la prospérité et à la vie normale. La mise en échec des Entrepreneurs sera systématique.

La crise qui a commencé en 1973-74 n'a pas été aussi systématique et la mondialisation n'était pas aussi étendue qu'en 2022. C'est la tempête parfaite qui se lève si les tendances actuelles sont maintenues. Même si nous ne faisons que réagir, notre solution à l'inflation laissera des cicatrices et des répercussions beaucoup plus profondes qu'on ne le croit. L'inflation est une fièvre, il faut encore traiter la cause de cette fièvre.

3 récessions en 16 ans ont résulté d'une guerre économique basée sur le pétrole. Sommes-nous prêts à faire face à de telles conséquences une fois de plus? Excusez-moi, cette crise sera beaucoup plus large et frappera beaucoup plus durement que la dernière, par la mondialisation, la perte systématique de la classe entrepreneuriale et les effets secondaires de la pandémie déjà en cours.

"La crise de l'inflation de 2022 se transforme en une tempête parfaite et plus rapidement qu'on ne veut l'admettre."

Dr. Bak Nguyen

Ma place n'est pas de vous montrer les étiquettes, d'assigner du blâme ni de vous souffler quoi penser. Mon rôle est de vous donner les informations et le contexte de notre situation mondiale actuelle. Oui, l'inflation est problématique, et oui, la problématique est complexe. Mais, si on creuse la logique, la réponse est assez claire. Il n'y a pas de réponse parfaite à cette situation, mais l'attente et la complaisance sont à 100% de mauvaises réponses.

L'inflation monte en flèche et quelle est la véritable cause? Quels sont les éléments sur lesquels nous pouvons influer? Les chiffres montrent à quel point le prix du pétrole a une influence directe sur l'inflation. La comparaison des chiffres entre mai 2021 et mai 2022 illustrent clairement l'effet du **FACTEUR PÉTROLE**.

En regardant de plus près la géographie de l'Europe et la distribution des taux d'inflation, les chiffres illustrent clairement l'effet du **FACTEUR PEUR** sur l'inflation. Notre solution par défaut défait-elle l'inflation ou est-ce qu'elle la nourrit?

Avant de conclure ce chapitre, il reste un phénomène sur lequel j'aimerai revenir : le taux d'inflation de 2020.

INFLATION

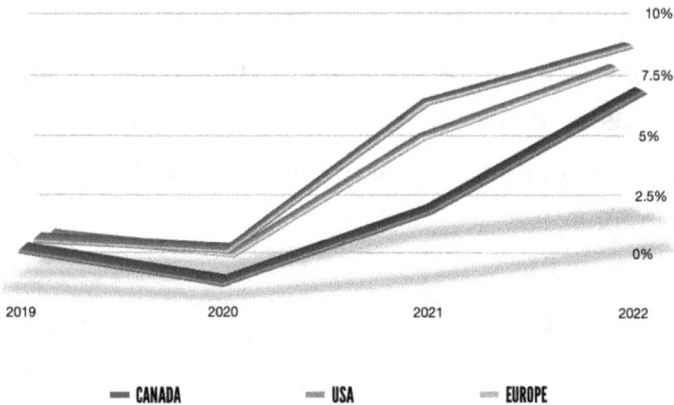

Comment expliquer la baisse du taux d'inflation de 2020 alors que le monde entier était dans la pause initiale de plus ou moins 3 mois en réaction à la pandémie déclarée par l'Organisation Mondiale de la Santé (OMS)?

Si vous étudiez le graphique ci-haut, vous pouvez clairement voir une baisse de l'inflation en 2020. Cette baisse arrive alors que la demande dépasse l'offre. En 2020, l'offre a stagné, pendant au moins 3 mois ! Comme mentionné précédemment, notre système mondial a des tampons. Mais était-ce suffisant pour justifier cette inflation inversée?

Lorsque la pandémie a été déclarée, où étiez-vous ? Que faisiez-vous? Comment vous sentiez-vous? Vous étiez sûrement sous le choc, incrédule, et vous vous pinciez pour vous réveiller de cet étrange rêve. Puis l'étrange rêve a tourné en boucle, pendant des jours, des semaines et des mois.

Ce que vous avez vu et raté, c'est le prix de l'essence à la pompe. Immédiatement après l'annonce officielle de la pandémie, les prix de l'essence ont chuté et sont restés bas pour le reste de l'année 2020. Alors que le prix moyen du baril de brut était de 64,30$ en 2019, il est descendu à 41,96$ en moyenne en 2020, au point le plus bas, le prix du baril était de 12,78$. Puis il est remonté à 70,68$ en moyenne en 2021. En 2022, le prix moyen pour les 6 premiers mois est de 106,92$.

CRUDE BARREL PRICE

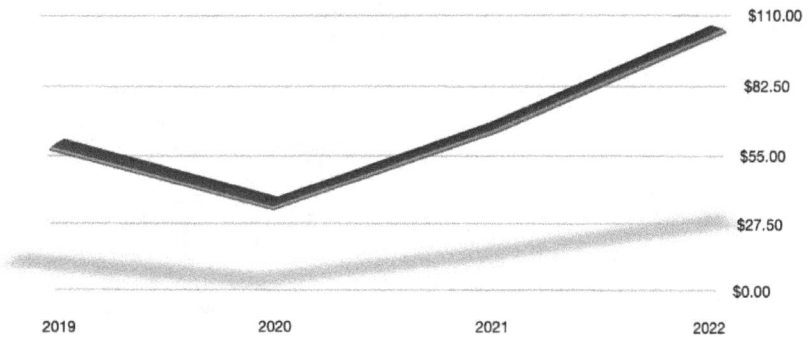

			$110.00
			$82.50
			$55.00
			$27.50
			$0.00
2019	2020	2021	2022

— CRUDE BARREL

Pouvez-vous voir la ressemblance de cette courbe avec cette de l'inflation canadienne pour les mêmes années? C'est pratiquement une copie carbone.

Je tiens à souligner que l'esprit de ces travaux n'est pas de pointer du doigt mais d'identifier et de comprendre clairement ce qui s'est passé, au-delà des gros titres, des rumeurs et des médias quotidiens. Nous devons comprendre pour ne pas nourrir la frénésie et les tendances, ce qui ne feraient qu'empirer notre situation.

Joignez-vous à nous alors que nous partageons avec vous nos conclusions et une solution pour éviter cette crise globale à l'horizon. Voici de l'espoir. Nous avons encore le temps d'agir et nous avons un plan. Ceci est **COVIDCONOMIE, CONTRER L'INFLATION SANS TOUCHER LES TAUX D'INTÉRÊT.**

Bienvenu(e)s aux Alphas.

JE REFUSE DE CROIRE QUE LE SEUL MOYEN POUR CONTRER L'INFLATION EST L'AUGMENTATION DES TAUX D'INTÉRÊT ET DE TUER NOTRE CLASSE ENTREPRENEURIALE DANS LE PROCESSUS
Dr. Bak Nguyen

CHAPITRE 3
"LE COÛT DU LIBRE MARCHÉ"
GUERRE ÉCONOMIQUE

PAR ANDRÉ CHÂTELAIN
& Dr. BAK NGUYEN

Nous vivons dans un monde capitaliste et de libres marchés. Les variations des prix des biens et des services font partie de notre système économique. La valeur de notre argent est directement liée à notre pouvoir d'achat. Par conséquent, une monnaie faible peut mener à de l'inflation et même une récession comme celle de 1980-82. La politique monétaire nationale est donc de première importance.

Qu'ont fait nos gouvernements au cours des 30 derniers mois dans l'effort de la lutte contre le COVID pour protéger notre population, pour financer l'effort de vaccination et pour empêcher l'économie de sombrer? Et bien, il a imprimé (ÉTATS-UNIS) et emprunté (CANADA) des centaines de milliards et même des billions (ÉTATS-UNIS). Selon les calculs normaux, cela a affaibli notre monnaie. Mais comme la plupart des gouvernements du monde ont tous fait la même chose en même temps, nous n'avons pas vu l'implosion de notre monnaie, juste une augmentation de l'inflation en 2021. En référence, les États-Unis ont imprimé 6,5 billions pour 2020 et 2021.

Le Canada a un cadre légal et monétaire différent des États-Unis, un dans lequel il ne peut tout simplement pas imprimer de l'argent et le dépenser à volonté. Les sources de revenu du gouvernement Canadien sont les impôts, les frais douaniers, les intérêts et les pénalités perçus. Si le gouvernement fédéral canadien dépense plus que ses revenus, il crée un déficit qu'il devra emprunter pour couvrir. À titre de référence, la dette fédérale canadienne a ajouté 344 milliards de dollars pour l'exercice 2020-21 et 95,6 milliards de dollars pour l'exercice 2021-22.

En somme, les deux gouvernements fédéraux d'Amérique du Nord ont adopté une politique monétaire qui, en théorie, déprécie leur monnaie. Parce que c'était en réaction à une crise pandémique, une crise dans laquelle la plupart, sinon tous les gouvernements du monde ont réagi de la même façon et à peu près en simultanée, la seule différence était la proportion de la réaction de chacun des gouvernements. S'il-vous-plaît, gardez à l'esprit que la profonde récession de 1980-82 était due une inflation résultant d'un dollar faible.

La récession de 1990-92 a été causée par des taux d'intérêt élevés. Que faisons-nous maintenant alors que nos dettes nationales ont explosé, avec une érosion de notre monnaie combinée à l'augmentation des taux d'intérêt et un prix du brut incroyablement élevé?

Sommes-nous en train de créer la tempête parfaite, en reproduisant les conditions de la récession de 1973-74, 1980-82 et 1990-92 combinées? C'est la rencontre de tous les poids lourds dans la même balance, par dessus le COVID!

Savoir où notre société se dirige est un droit et un devoir pour chacun d'entre nous. À la fin du chapitre précédent, nous avons également vu la corrélation des cours du pétrole et de l'inflation. Au Canada, les 2 courbes se miroitent.

Le marché international du pétrole est un libre marché. Mais est-ce que ce marché est vraiment libre? L'influence, les différents agendas et les guerres géopolitiques affectent tous directement les cours du libre marché des biens et des commodités.

La vérité est que le pétrole est un marché sous l'influence, presque monopolistique de l'OPEP, (Organisation des pays exportateurs de pétrole) qui comprend 13 pays membres avec le contrôle de 44% de la production mondiale de pétrole. L'OPEP possède 81,5 % des réserves mondiales sous-terrain de pétrole. Elle contrôle directement l'offre mondiale de pétrole à tout moment, par conséquent elle dicte le prix du baril brut en augmentant ou en diminuant sa production.

L'invasion de l'Ukraine a clairement illustré les conséquences d'une guerre d'un autre continent sur notre quotidien et notre économie. Dans cet ordre d'idées, le confinement de villes entières en Chine a un effet direct sur notre chaîne d'approvisionnement et, par conséquent, notre économie. La philosophie du « ce n'est pas mon problème » est désormais dépassée. Et pourtant, il y a tellement de facteurs qui échappent à notre contrôle.

Nous vivons dans des sociétés démocratiques. Nous votons pour élire ceux et celles au pouvoir qui prendront les décisions en notre nom dans l'intérêt de tous. Et bien qu'en savez-vous, avez-vous voté pour le prix de l'essence? Avez-vous une influence sur la façon dont la Chine gouverne son peuple?

Vous avez maintenant une meilleure compréhension de la mondialisation, des politiques monétaires, de l'inflation, des taux d'intérêt et de leur implication dans nos vies quotidiennes. Et au cours de ce parcours, vous avez également clairement vu la corrélation directe entre le prix de l'essence et l'inflation.

Bien des esprits brillants avant nous l'ont vu aussi! Aux États-Unis, des présidents des deux partis ont poussé l'augmentation de la production intérieure de l'énergie et ont contribué à réduire la dépendance des États-Unis vis-à-vis le pétrole extérieur.

Les avancées technologiques sur les techniques d'extraction du gaz de schiste combinée aux incitations fiscales pour les industries non-conventionnelles de production d'énergie ont créé un nouvel élan d'espoir, celui de l'indépendance énergétique.

Entre 2000 et 2014, tant aux États-Unis qu'au Canada, on a assisté à l'émergence d'une nouvelle classe de producteurs de pétrole. Au cours des années 2010-13, le prix du baril de brut était en moyenne autour de 100$. Pour atteindre le seuil de rentabilité, les producteurs de pétrole par l'extraction du gaz de schiste doit vendre leur baril entre 50$ et 60$, la production de pétrole non conventionnelle étant un procédé beaucoup plus coûteux que le forage pétrolier conventionnel.

Au cours de cette nouvelle ère énergétique, la production domestique de gaz aux États-Unis a atteint 11 millions de barils par jour, le plus haut niveau depuis 1970. Cela s'est traduit par une baisse significative de la dépendance au gaz extérieur, passant de 60% en 2005 à 30% en 2016.

L'OPEP (Organisation des pays exportateurs de pétrole) n'a pas aimé l'idée de perdre des parts de marché. Elle est passée à l'offensive pour éliminer la concurrence en baissant drastiquement le prix du baril de brut, de plus de 110$ à 46$. Elle a maintenu les prix du brut sous la barre des 100$ jusqu'en février 2022.

Entre 2014 et 2022, le prix du brut a fluctué principalement entre 40$ et 60$ le baril. En janvier 2016, le prix du brut était à 30$.

L'offensive de l'OPEP des 8 dernières années a porté fruit et à mis en échec une grande partie de la nouvelle classe émergente des producteurs de pétrole non-conventionnels. Plusieurs ont fait faillite avec des cours de brute bien inférieurs à leur seuil de rentabilité.

"La première règle d'un marché libre est que le prix le plus bas est roi."
Dr. Bak Nguyen

Maintenant que les prix du brut sont de retour au-dessus de la barre des 100$, cela aurait été une concurrence loyale entre les producteurs de gaz de schiste et l'OPEP, mais la plupart des producteurs de pétrole non-conventionnel ont disparus sous les faillites, laissant l'OPEP reprendre son statut de monopole.

Ne blâmez pas l'OPEP, c'était de bonne guerre. Ils ont ressenti la menace de voir leur principale source de revenus s'aplanir et ils ont agi dans leur propre intérêts. S'il vous faut blâmer quelqu'un, regardez dans le miroir. Nous tous, en tant que consommateurs, nous avons sauter sur le prix le plus bas sans comprendre nécessairement les conséquences de nos choix à long termes. En fait, nous n'avions jamais eu de choix véritable en tant que consommateurs et citoyens!

Les économies sur la facture d'énergie a profité à nos secteurs et entreprises les plus énergivores telles que l'agriculture et le secteur des transports. Pourtant, cette économie n'a pas toujours été retransmise aux consommateurs.

Pour la même période, les pays de l'OPEP ont accumulé d'importants déficits provoqués par leur propre offensive avec la baisse du prix du brut. En 2015, l'Arabie saoudite a accumulé 98 milliards de déficit, soit 21% de son PIB. Des pays avec moins de marge de manoeuvre comme le Venezuela sont tombés dans une dépression économique. Les effets sur les populations de part et d'autre n'ont pas seulement été bénéfiques.

Nous devons nous demander, en tant que citoyens, est-ce que la fluctuation du marché libre est toujours une bonne chose pour l'évolution de nos sociétés? Bien sûr que nous voulons la liberté, mais la liberté a aussi un prix. Mais est-ce que la liberté de payer plus cher, de travailler plus pour le même bien ou service en vaut tant la peine! Et, pour préciser, on ne parle pas de liberté au sens pur ici, on parle de libre marché!

Dans notre modèle économique et notre philosophie occidentale, le marché libre est notre mode de vie. C'est ainsi que cela devrait être, mais lorsque le marché est sous une forte influence monopolistique, pouvons-nous nous permettre de fermer les yeux alors qu'il s'agit d'une composante majeure de nos sociétés, affectant directement nos niveaux de vie? Le coût de l'énergie est ce qui alimente notre économie, l'inflation, la consommation, les habitudes et, le cas échéant, nos choix difficiles.

Mes co-auteurs et moi-même, croyons fermement qu'une certaine stabilité est nécessaire dans notre libre marché, en particulier une stabilité sur les éléments qui affectent le plus notre pouvoir d'achat et nos vies tel que le coût de l'énergie.

"Le prix de l'énergie est-il une composante majeure du droit à la dignité?"

Dr. Bak Nguyen

Joignez-vous à nous alors que nous partageons avec vous nos conclusions et une solution pour éviter cette crise globale à l'horizon. Voici de l'espoir. Nous avons encore le temps d'agir et nous avons un plan. Ceci est **COVIDCONOMIE, CONTRER L'INFLATION SANS TOUCHER LES TAUX D'INTÉRÊT.**

Bienvenu(e)s aux Alphas.

CHAPITRE 4
" LE MODÈLE TAMPON"
POUR LA PAIX, LA STABILITÉ ET LA PROSPÉRITÉ
PAR ANDRÉ CHÂTELAIN
& Dr. BAK NGUYEN

Inflation, inflation, inflation. Qu'est-ce qui est acceptable ? Et bien, un taux d'inflation inférieur à 3% permettra la croissance du pays, protégera le pouvoir d'achat et protégera le niveau de vie de ses citoyen(ne)s. Au-dessus de 3%, les choses s'envolent vers de lourdes conséquences.

Avec l'inflation actuelle de 8,1% au Canada et de 9,1% aux États-Unis en juin et juillet 2022, l'inflation est non seulement élevée, mais ce qui est alarmant, est la rapidité avec laquelle elle croît. À la fin de 2021, le Canada affichait une inflation de 3,4% et les États-Unis de 7 %. Donc, aussi prudents que nous voulons l'être, nous avons perdu le contrôle de la situation !

C'est ainsi que la Banque centrale du Canada a décuplé, littéralement, son taux d'intérêt en 2021, de 0,25% à 2,5% à la mi-juillet 2022. Le facteur clé est le prix de l'énergie, le prix du brut, passant de 68$ à la fin décembre 2021 à 104$ à la mi-juillet 2022. Au moment d'écrire ces lignes, le baril de brut se situait à

96,50$, après la décision de l'administration Biden de libérer 1 million de barils par jour de sa réserve stratégique de pétrole.

Donc, si l'inflation a grimpé à cause des différents facteurs post-pandémiques, le prix du brut à lui seul a provoqué la spirale inflationniste qui préoccupent désormais tout le monde. Et c'est ça qu'on appelle le libre marché !

> **"Il n'y a rien de libre dans ce marché, surtout quand les gens n'ont même pas de choix véritable."**
> Dr. Bak Nguyen

Et le libre marché n'est pas le seul à blâmer. Nous vivons les conséquences de la mondialisation que nous avons choisi d'embrasser. Il y a des avantages et des inconvénients à tout système et il n'y a pas de solution parfaite. Nous, mes co-auteurs et moi-même, croyons fermement que les vecteurs de base de notre économie et des niveaux de vie tels que le coût de l'énergie doivent être uniformisés et stabilisés.

Avant de blâmer l'OPEP pour l'inflation actuelle, étudions, encore une fois, les chiffres du passé et leur impact sur nos données historiques. Au second semestre de 2013, le prix du baril de brut était déjà supérieur à 100$. Pourtant, l'inflation était loin le monstre qu'elle est devenue en 2022. Le prix de l'essence à la pompe était en moyenne de 3,62$ le gallon aux États-Unis. En juin 2022, alors que le baril de brut atteignait en moyenne 120$, le prix de l'essence à la pompe atteignait les 5$ le gallon!

Au Canada, le prix de l'essence à la pompe était en moyenne de 1,28$ le litre en 2013 et de 2,11$ en juin 2022. Pouvez-vous voir une disproportion dans les prix à la consommation et le prix du brut? En d'autres termes, la société dans son ensemble, a payé 38% (États-Unis) 65% (Canada) de plus pour le même baril de pétrole entre 2013 et 2022. Je ne vous parlerai même pas de l'impact de cette augmentation sur notre économie, notre chaîne d'approvisionnement et de production. Ce n'est pas un libre marché, mais loin de là!

Combien de temps encore accepterons-nous cette situation d'otage en blâmant les mauvais acteurs? En étudiant les données historiques et la tendance, les réponses deviennent très claires: les clés de notre stabilité économique sont dans les mains d'un petit nombre de joueurs influents. En dictant le prix de l'énergie, ils influencent le taux d'inflation qui lui, dicte notre niveau de vie.

Et comme nous l'avons clairement illustré, l'augmentation des taux d'intérêt, à ce rythme, alimentera le **FACTEUR PEUR**, menant à encore plus d'inflation et entraînant notre économie et nos sociétés dans une spirale récessionnaire. La spirale inflationniste actuelle nous mène vers la plus grande récession économique contemporaine puisqu'elle combine tous les principaux ingrédients des récessions de 1972-73, 1980-82 et 1990-91.

Après la pandémie, cela signifie également tuer systématiquement notre classe entrepreneuriale, ne laissant personne pour diriger la reprise économique et le retour à la vie normale tant espéré. Il ne s'agit pas d'argent, mais de vivre!

"Augmenter les taux d'intérêt pour lutter contre l'inflation n'est pas la solution en 2022!"

Dr. Bak Nguyen & André Châtelain

Au cours des premiers mois de la pandémie, tous nos gouvernements et nos dirigeants ont compris l'importance d'être autosuffisant dans les secteurs clés tels que l'alimentation, les médicaments, l'énergie et la communication. Ces systèmes doivent être indépendants et ne pas être directement liés à une quelconque interruption de la chaîne d'approvisionnement ou de transport provenant d'une autre région de la planète.

La mondialisation de nos chaînes d'approvisionnement et de production a accentué notre dépendance au coût de l'énergie (transport), reflétant ainsi directement son impact sur le prix final de chaque bien.

Historiquement, au Canada, la plupart des gouvernements provinciaux ont compris l'importance du coût de l'énergie et ont nationalisé l'industrie de l'énergie partout au pays. De nombreux modèles différents ont émergé des différentes initiatives locales.

Aujourd'hui, la quasi-totalité de la production et de la distribution de l'énergie est sous le contrôle des gouvernements provinciaux. Dans certaines provinces, comme l'Ontario, le modèle adopté est un partenariat avec le secteur privé, mais avec le gouvernement aux commandes. Au Québec, c'est l'état qui produit et distribue l'électricité.

Au Québec, la nationalisation de l'électricité a mené à la création d'Hydro-Québec dans les années 40. 80 ans plus tard, le modèle économique et sociétal de cette initiative a fait du Québec un chef de file dans la gestion de sa production d'énergie domestique. Ce qui a mené à la création d'Hydro-Québec, est l'augmentation injustifiée de l'électricité à l'époque.

Le prix de l'électricité n'est pas dicté par les marchés libres, mais plutôt par l'évolution du coût de production et de maintenance de ses infrastructures. Par conséquent, le Canada est un leader mondial pour garder le coût de l'électricité abordable et sous contrôle pour ses citoyens.

"Par le peuple, pour le peuple. Deux fois!"
Dr. Bak Nguyen & André Châtelain

Les sociétés d'État comme Hydro-Québec sont très rentables et comme elles sont la propriété gouvernementale, les profits reviennent à la population par le biais du gouvernement. Ce faisant, la population bénéficie doublement de ce modèle: 1, avec des factures énergétiques raisonnables et stables et 2, avec les bénéfices de l'agent réinvesti dans la société.

C'est un modèle économique qui fonctionne et vérifié à maintes reprises à travers le pays. Pourquoi ne pas inclure tous les secteurs de l'énergie dans ce modèle, un par le peuple et pour le peuple? Cela domptera certainement l'accélération de l'inflation et éliminera les abus et les éléments opportunistes.

Avec la découverte de gaz de schiste et la technologie disponible pour son extraction, le Canada possède la 2e plus grande réserve de pétrole au monde. En 2011, avec l'exploitation des gaz de schiste, les États-Unis sont devenus un des principaux pays producteurs de pétrole mondiaux, réduisant de façon significative leur dépendance vis-à-vis du pétrole étranger. Nous devons nationaliser cette richesse pour le peuple, sa stabilité et sa prospérité.

"Si le pétrole est nationalisé, fondamentalement, chaque citoyen est plus riche."

Et qui s'y opposera? Et bien, notre société étant ce qu'elle est, est composée par les différences d'opinions, certains diront qu'il est inutile d'agir de la sorte. Il faudrait tout simplement bannir toute la consommation de pétrole pour lutter contre le réchauffement climatique. C'est une idée intéressante, mais pas réaliste à court ni à moyen terme et n'aidera pas à notre problème d'inflation actuelle.

Notre modèle économique de production et de mode de vie est loin de pouvoir se passer de pétrole, du moins dans un avenir rapproché. Les transports, les marchandises et même les vêtements sont dérivés du pétrole. Des changements doivent se produire et la transition doit être stable et maîtrisée, pour le bien du pays, pour le bien du peuple et pas uniquement pour les profits.

LE PLAN

Pour que cela puise fonctionner, nous proposons le **MODÈLE TAMPON**, soit la nationalisation de tout le secteur de l'énergie (électricité, solaire, éolien, pétrole, gaz naturel, mazout, hydrogène, charbon et toutes les futures sources d'énergie alternatives). Ce faisant, les gouvernements centralisent l'intérêt national de l'énergie et la redistribution de la richesse et des économies engendrées à tous les citoyens du pays, que leur Province (Canada) ou leur État (États-Unis) dispose ou non de la ressource énergétique.

La deuxième raison de centraliser la gestion de toutes les énergies (conventionnelles, alternatives et vertes) est de redistribuer une portion des profits vers la recherche, le financement et le maintien des énergies alternatives et vertes. Il n'y a pas de solution parfaite, nous devrons d'abord résoudre les problèmes actuels d'hyperinflation et de dépendance énergétique pour avoir les moyens de développer de meilleures voies pour l'avenir.

Au Québec, 37% de la consommation de pétrole provient de l'Ouest Canadien et 63% des États-Unis. Ce pétrole est ensuite raffiné localement à Lévis et à Montréal.

Si nous imaginons le **MODÈLE TAMPON** pour le Canada, voici une proposition réaliste et humble (nous sommes très conscients que les différents partis auront des intérêts et des agendas différents, mais tous les partis, pour être à cette table, devront s'entendre sur le but premier de cette initiative, qui est l'indépendance énergétique à court et moyen terme pour stabiliser le coût de l'énergie et par extension, l'inflation reliée. Il nous faut à tout prix garder en tête que notre opposant dans cette initiative est une alliance internationale de nations, l'OPEP.

Au Canada, il devrait y avoir une société d'état centrale de l'énergie, appelons-la **ÉNERGIE CANADA**. En 2019, les principales sources d'énergie canadiennes incluaient :

- Le pétrole représente 50,1% de la production totale d'énergie Canadienne avec, en tête, l'Alberta (80 %) et la Saskatchewan (9,9 %).
- Le gaz naturel représente 31,8 % de la production totale d'énergie Canadienne avec, en tête, l'Alberta (64 %) et la Colombie-Britannique (32 %).
- L'électricité (Hydro, éolien, combustibles fossiles, nucléaire) représente 8,5 % de la production totale d'énergie Canadienne avec, en tête, le Québec (Hydro 21 %) et l'Ontario (17,6 %, principalement nucléaire).
- Le charbon représente 5,3 % de la production totale d'énergie Canadienne, avec, en tête, la Colombie-Britannique (48 %) et l'Alberta (35 %).
- Les hydrocarbures de gaz naturel (éthane, propane, butane et isobutane) représentent 4,3 % de la production totale d'énergie Canadienne

À la lumière de ces chiffres, voici le classement des top 3 provinces Canadiennes productrices d'énergie par ordre d'importance, toutes catégories confondues.

1- L'Alberta avec environ 61,8 % de la production nationale d'énergie
2- La Colombie-Britannique avec 12,5 % de la production nationale d'énergie
3- La Saskatchewan avec 5% de la production nationale d'énergie

Les provinces du Québec et de l'Ontario contribuent respectivement pour 1,7% (Québec avec Hydro-électricité) et 1,5% (Ontario avec principalement l'énergie nucléaire) de la production nationale d'énergie.

À la lumière d'une telle répartition, nous recommandons que le siège social d'**ÉNERGIE CANADA** soit situé dans la capitale de l'énergie, qui devrait être Calgary en Alberta.

ÉNERGIE CANADA sera gérée par un conseil d'administration indépendant composé d'experts compétents en énergie de chaque province du pays. Des experts des différentes branches de l'énergie seront inclus sur le conseil stratégique.

En 2019, le Canada a exporté 80,6% de sa production de pétrole brute et 42,9% de son gaz naturel commercialisable. Cela illustre que si **ÉNERGIE CANADA** agit pour l'intérêt de l'ensemble du pays (par le peuple, pour le peuple), le secteur de l'énergie contribuera non seulement à stabiliser notre économie, mais aussi à enrichir l'ensemble de sa population puisque les profits sont retournés au gouvernement fédéral. Pour mettre cela en perspective, cela représentait 124,2 milliards en 2019, 74,3 milliards en 2020, 119,9 milliards en 2021.

Pour comprendre l'importance de ce poids économique, les dépenses nationales rattachées à la COVID s'élèvent à 600 milliards. Nationaliser le secteur de l'énergie et contrôler l'augmentation de ses exportations profitera grandement à notre population et représentera un solide espoir national de stabilité et de prospérité.

La façon dont **ÉNERGIE CANADA** fonctionnerait serait de nationaliser la ressource naturelle elle-même et de s'associer au secteur privé pour exploiter (extraire et produire) la ressource naturelle. **ÉNERGIE CANADA** achètera alors toute la production d'énergie à des prix établis à l'avance, puis dirigera une portion de la production vers la consommation locale et une portion pour les exportations.

Puisque la production d'énergie est étroitement liée à l'inflation et à l'économie, avec la création d'**ÉNERGIE CANADA**, le Canada aura les moyens de créer plus de richesse et pourra éviter d'emprunter plus d'argent pour couvrir ses déficits.

Toutefois, la production d'énergie ayant aussi un coût pour l'environnement, **ÉNERGIE CANADA** devra également assurer la responsabilité de préserver l'environnement et le développement durable de ces ressources naturelles pour préserver l'héritage national pour les générations futures. Ce faisant, elle devra réinjecter une partie de ses profits pour le développement et la maintenance de solutions énergétiques vertes.

Les responsabilités d'**ÉNERGIE CANADA** comprendront :

- La production d'énergie
- Les infrastructures, le transport et la distribution de l'énergie

- La fixation des prix de l'énergie à la consommation interne avant les taxes locales
- La détermination des projets d'investissements en exploration, opération, forage, raffinage au Canada.
- La gestion des partenariats avec le secteur privé pour la production d'énergie (ce qui permettrait à l'expertise existante du secteur privé de contribuer au nouveau modèle énergétique)
- Le réseau de distribution de la vente aux consommateurs restera du secteur privé

En possédant et en contrôlant les infrastructures de transport de l'énergie ainsi que sa distribution, **ÉNERGIE CANADA** aurait également le devoir de protéger l'environnement et de s'assurer de la sécurité des différents moyens de transport à travers le pays.

ÉNERGIE CANADA ne suffira pas, à elle seule, à équilibrer le prix du brut sur le marché libre contrôlé par l'OPEP. C'est pourquoi dans le **MODÈLE TAMPON**, même l'OPEP fait partie de l'équation. Comme le prix de l'essence nationale à la consommation interne sera fixé et stabilisé, le **MODÈLE TAMPON** permettra de contrer toute offensive de l'OPEP.

Au moment de l'écriture de ces lignes, nous croyons que 1,05$ du litre et fixé pour 18 mois est une bonne mise en marché pour la consommation interne. Si le prix du baril baisse comme en 2014, **ÉNERGIE CANADA** achètera alors son pétrole sur le marché international tout en gardant la production locale de son pétrole comme réserve.

Cela évitera la précarité et la vulnérabilité de nos entrepreneurs dans ce domaine puisque leur production sera achetée par **ÉNERGIE CANADA** au prix préalablement fixé. Ensuite, comme l'OPEP devra, à terme, équilibrer sa propre production pour équilibrer ses revenus, le prix du baril de brut devrait revenir à un niveau raisonnable pour tous les partis.

La beauté de ce système serait que, quelle que soit la situation internationale, nos citoyen(ne)s ne ressentiraient pas autant les changements ni la pression des mouvements d'humeur mondiaux, contrairement à cette crise actuelle où nous subissons la flambée des prix du pétrole combiné à de l'hyperinflation et des explosions de taux d'intérêt, sans parler **FACTEUR PEUR**.

Même si le système n'est pas parfait, voyez à quel point nous serions en meilleure posture par rapport à notre situation d'hyperinflation internationale de 2022?

Pour ce faire, **ÉNERGIE CANADA** est plus qu'une simple société d'état responsable de l'énergie. Elle constituera également un **FONDS ÉNERGÉTIQUE** pour équilibrer et absorber (d'où son nom, **MODÈLE TAMPON**) les mécanismes des hauts et des bas du marché du pétrole. En période de bas prix, le **FONDS ÉNERGÉTIQUE** achètera son pétrole des marchés internationaux et en tirera des profits par la revente locale (prix fixé d'avance) tout en redirigeant ses bénéfices pour soutenir la production locale, assurant ainsi à long terme, notre indépendance et notre production d'énergie domestique.

Tel que mentionné précédemment, au moment d'écrire ces lignes, nous estimons que le prix à la pompe devrait être fixé à 1,05$ le litre et resté stable pour les 18 prochains mois. Par la suite, toute augmentation locale des prix devra être justifiée par une augmentation des coûts de production et de transport, et non lié à la recherche seule de profit.

Dans le cas où le prix du brut est élevé, **ÉNERGIE CANADA** vendra ses réserves et sa production à des pays étrangers, engendrant encore plus de profits pour le **FONDS ÉNERGÉTIQUE**, le gouvernement et ses citoyens tout en assurant la stabilité de notre système économique.

Les États-Unis, avec leurs réserves de gaz de schiste, peuvent devenir un producteur des plus importants, combiné à leur production nationale actuelle d'énergie conventionnelle. La future société d'état Américaine de l'énergie pourrait être distribuée différemment de celle du Canada, mais avec la même idée en tête, que l'énergie et ses profits doivent profiter à tous ses citoyens, quel que soit l'état dans lequel ils vivent.

L'Europe aussi possède des grandes réserves de gaz de schiste confirmées, les pays telles la France, le Royaume-Uni, l'Allemagne, la Pologne, l'Estonie, la Lettonie et la Lituanie seraient en mesure de maîtriser leur indépendance énergétique et la stabilité de leur économie.

Puisque l'Union Européenne est déjà une organisation combinant beaucoup de ressources communes et constituée de pays indépendants, elle devra forger une nouvelle alliance, pour l'Europe dans son ensemble, avec cette philosophie d'union et de mise en commun des ressources, des idées sur lesquelles l'Union Européenne a été fondée.

Le **MODÈLE TAMPON** ne se réalisera pas du jour au lendemain, mais ce sera un remède permanent aux problèmes récurrents de l'inflation et des récessions causées par le prix du pétrole, l'hyperinflation et les taux d'intérêt élevés. Ce faisant, nous venons de résoudre une grande partie des problèmes présents sur notre agenda économique. En fait, si nous appliquons ce modèle avec une volonté politique forte et une vision d'avenir, le **MODÈLE TAMPON** pourrait même éviter un certain nombre de guerres futures de se produire, pas toutes, mais beaucoup.

Avant de conclure ce chapitre, nous aimerions attirer votre attention sur la portion ESPOIR du **MODÈLE TAMPON**. Bien implantées dans les faits depuis le début de notre parcours, l'Estonie, la Lettonie et la Lituanie sont les pays les plus touchés par l'hyperinflation actuelle.

Et bien, ils pourraient être parmi les pays les plus riches en appliquant le **MODÈLE TAMPON** car les 3 pays sont assis sur une immense réserve de gaz de schiste. S'ils appliquent le **MODÈLE TAMPON**, ils protégeront leur secteur énergétique naissant de toutes offensives de l'OPEP. Et s'ils partagent cette ressource avec le reste de l'Europe avec des ventes à prix fixes, comme les modèles trans-Canadiens ou Inter-états des États-Unis, ils auront la protection militaire et politique du reste de l'Europe contre tout envahisseur cherchant à voler leurs ressources naturelles. Cette protection militaire et politique de l'Europe s'ajoutera à l'OTAN.

Ce plan est bien plus qu'un exercice philosophique idéaliste, il est la solution à plusieurs de nos problèmes économiques actuels dont certains n'ont pas de remède. Au préalable, nous devons comprendre les enjeux, les mécanismes de la mondialisation qui font que le problème de l'un devient le problème de tous et finalement, que partager ne signifie pas donner, cela signifie d'utiliser la force de chacun des partis concernés.

Joignez-vous à nous alors que nous partageons avec vous nos conclusions et une solution pour éviter cette crise globale à l'horizon. Voici de l'espoir. Nous avons encore le temps d'agir et nous avons un plan. Ceci est **COVIDCONOMIE, CONTRER L'INFLATION SANS TOUCHER LES TAUX D'INTÉRÊT.**

Bienvenu(e)s aux Alphas.

CHAPITRE 5
"LE MODÈLE LIBERTÉ"
INTÉGRATION & PÉRENNITÉ
par Dr. BAK NGUYEN

Nous vous avons donné tout ce que nous avions en nous, en élaborant ce plan et en illustrant avec des faits et des données historiques, le pourquoi et les comments, nous sommes arrivés à une telle conclusion. Je dois vous dire à quel point je suis fier et heureux de ce parcours jusqu'à présent. Nous vous avons donné le meilleur de chacun d'entre nous, pour le bien de tous, pour la stabilité, pour la prospérité et la paix!

Quelle noble conclusion! Pas encore, pas si vite. Il serait très naïf de notre part de penser que parce que nous travaillons pour l'intérêt de tous, nous ne rencontrerons pas de résistance. Ceci est un changement, un virage dans notre économie, même nécessaire et urgent, tout changement s'accompagne de son lot de résistance.

"Il n'y a tout simplement pas de changement sans résistance. Plus la douleur est grande, moins la résistance sera, mais il y aura toujours de la résistance."

Dr. Bak Nguyen

C'est dommage, mais j'ai fait la paix avec ça il y a longtemps. Je suis un entrepreneur par nature et un agent du changement, j'ai donc une longue expérience face au changement et à sa mise en œuvre.

La première règle est de comprendre le problème et ses causes. Nous l'avons fait en profondeur. Ensuite, chaque problème rencontré doit être adressé, avec humilité et ouverture, même si nous n'avons pas la solution, encore. Cela aussi a été fait. Ce faisant, nous avons établi le POURQUOI et les COMMENTs, et le POURQUOI de nos COMMENTs. Maintenant, nous avons un plan.

Puisque nos intentions n'étaient pas que de construire un plan, mais de voir à son application et de profiter, avec vous, de ses retombés, en l'occurrence, de dompter l'inflation, de stabiliser les taux d'intérêt et de sauver notre économie déjà affaiblie, consacrons le reste de ce parcours sur l'exécution de ce plan.

"Avoir l'idée n'est que le début.
90% du succès est dans l'exécution."
Dr. Jean De Serres

Cela, je l'ai appris de mon ami et mentor, le Dr. Jean De Serres, ancien président d'Héma-Québec. Et bien, pour exécuter un plan d'une telle envergure, nous avons besoin du soutien de la population et de ses dirigeants au pouvoir. Nous devons atténuer la résistance et rester calmes et ouverts d'esprit dans le processus.

Pendant plusieurs nuits, je me suis gratté la tête pour trouver quelque chose de signifiant à écrire après le dernier chapitre sur LA solution. Comment surmonter les doutes, les opposants et les esprits trop fermés pour chercher une meilleure solution alors qu'à l'évidence, ce qu'ils ont en main ne marche pas (là-dessus, vous ne serez pas à lire ces lignes si vous pensiez que tout va bien)!

Le soutien de la population! Je ne suis pas naïf et je sais que l'inflation, l'économie, la mondialisation et le marché libre ne sont pas les sujets les plus populaires. Je ne vous blâme pas, je suis l'un d'entre vous. Avant de ressentir l'hyperinflation de 2022, je n'étais pas non plus concerné.

J'ai peut-être réagi plus violemment que la plupart d'entre vous mais, moi aussi, j'ai réagi. En d'autres termes, j'étais en retard, agissant après les faits, et laissé en mode réaction à ramasser les pots cassés. En un mot, nous sommes en retard et nous n'avons pas beaucoup de temps pour affronter les critiques et les doutes avant qu'il ne soit trop tard.

Alors, comment pourrions-nous obtenir le soutien de la majorité pour commencer à mettre en œuvre cette solution et l'améliorer au fur et à mesure que nous avançons?

"Le soutien de la population!"
Dr. Bak Nguyen

C'était la seule et unique réponse plausible, le soutien de la population! Et comment pouvons-nous nous assurer du soutien de la population à travers un tel effort de réforme de notre secteur énergétique et de notre économie? Et bien, que diriez-vous de faire bénéficier la population pour une 3e fois dans la nouvelle équation de l'énergie?

Le premier avantage est d'avoir un prix de l'essence à la pompe moins cher (par rapport à 2022) et qui restera stable. Le deuxième avantage est de renvoyer les bénéfices d'une telle opération au gouvernement pour plus de services à la population. Mais cela ne suffira peut-être pas.

Et si les mots et les idées se perdaient en chemin, au fil du temps et de l'espace? Puisque le **MODÈLE TAMPON** est celui qui nous opposera à l'OPEP, aux acteurs actuels de l'industrie de l'énergie et à toutes ces personnes dans l'ombre, chacune avec leur propre agenda, comment pouvons-nous continuer à nous concentrer sur le bien commun, à stabiliser le secteur de l'énergie et redistribuer les bénéfices aux citoyen(ne)s?

La transparence est la clé à cette énigme. Transparence et Responsabilisation continues. Il manque donc un ingrédient clé au **MODÈLE TAMPON** actuel, une clé qui garantira qu'aucun joueur futur ne pourra détourner son objectif, sa noblesse ou ses ressources pour quelque soit l'excuse.

Que diriez-vous d'inscrire dans la loi, dès la constitution du **MODÈLE TAMPON**, que 20% des bénéfices seront directement versés à ses propriétaires légitimes, les citoyen(ne)s, tout comme à des actionnaires? Ce que je propose, c'est de diriger un chèque (lorsqu'il y a du profit et après que le FONDS d'énergie soit bien instauré), 2 fois par année, à chaque citoyen(ne) du pays.

Pourquoi un chèque et pas un crédit d'impôt me demanderez-vous ? Parce qu'un chèque est exempt de tout filtre fiscal. Je veux que les gens de droite autant que de gauche aient un message clair sur la santé de leur Société d'État sur l'Énergie, et ce, le plus près possible des évolutions sur le terrain. C'est pourquoi je veux déployer un chèque 2 fois par année, afin que les citoyen(ne)s soient proches et informé(e)s de ce nouveau modèle de richesse et de stabilité.

Ceci ne sera pas simplement un autre titre que vous lirez dans les nouvelles et, éventuellement, devenez insensibles à son évolution. Ceci est votre héritage et votre droit en tant que citoyen(ne)s, en plus des 2 premiers avantages.

Recevoir un chèque, deux fois par année (s'il y a du profit), vous gardera également motivé(e). Par conséquent, vous tiendrez responsable les élu(e)s et gestionnaires en place. En d'autres mots, vous serez motivé(e)s à vous exprimer au moins 2 fois par année et non qu'une fois aux 4 ans, et encore là. Ce modèle est un modèle de démocratie, de contrôle et de richesse, le tout venant de la même solution.

La Société d'État de l'Énergie agira dans un marché extrêmement concurrentiel, par conséquent, nous aurons besoin des esprits les plus brillants aux commandes. Cela nécessitera de les indemniser en conséquence et non pas simplement en fonction d'une philosophie gouvernementale. Recevoir un chèque deux fois par an, en tant qu'actionnaires, vous saurez désormais qui mérite votre confiance.

Cela dit, je suis également très conscient que pas tous les actionnaires ni tous les citoyen(ne)s ne s'intéresseront au même degré à la gestion et la complexité de gérance d'une telle agence avec la mission de protéger nos acquis à long terme. C'est pourquoi, la nomination des membres de son conseil d'administration sera toujours sous la gouvernance de la branche exécutive du pouvoir. Toutefois, tous devront répondre à vous, 2 fois par année, sur la gestion du patrimoine énergétique et votre héritage!

Lors de la table ronde ayant amorcé cette conversation sur l'inflation, mon fils de 12 ans a demandé à être inclus, en tant que le plus jeune des Alphas. Après avoir longuement écouté tous ces nouveaux mots et concepts, il a demandé, très poliment, pourquoi nous n'engageons pas les jeunes dans le processus? On parlait alors de la pénurie générale de main d'oeuvre.

William a alors proposé d'impliquer sa génération. Seulement, pour qu'ils s'impliquent, nous devons aussi les traiter comme des partenaires et pas seulement leur donner des ordres. Nous devons arrêter de les regarder d'en haut et les inclure dans le plan d'action, avec des mots auxquels ils s'identifieront.

Et bien, alors que nous écrivons une meilleure version du futur, voici comment son intervention a trouvé place dans l'élaboration du futur. Les citoyen(ne)s de tous les âges seront inclu(e)s, à part égale, quel que soit leur sexe ou leur âge dans l'équation de l'énergie. Aucune discrimination, si ils ou elles ont le statut de citoyen(ne), ils ou elles ont une part égale au partage de la nouvelle richesse nationale.

Cela permettra d'initier l'intérêt de nos jeunes dès le début et de leur transmettre les mécanismes de la nouvelle économie, une dans laquelle ils s'impliqueront beaucoup plus tôt que dans le système actuel. Ils auront également beaucoup plus de temps pour contribuer et d'améliorer le système, peut-être même avant d'avoir l'âge légal de voter.

Cela initiera la solution d'un autre grand problème de nos sociétés occidentales, nos problèmes de vieillissement de la population et de natalité. Si la richesse de l'énergie ne fait pas de discrimination d'âge, les familles plus nombreuses additionneront leurs "dividendes" avec un chèque par membre de la famille (citoyen). Cela devrait aider le taux de natalité du pays tout en engageant le dialogue avec la prochaine génération.

C'est beaucoup d'argent, me direz-vous. Et bien, cet argent n'est pas de l'argent que nous prélevons sur la population ou que nous enlevons aux gouvernements. Tout cela sera financé par les bénéfices de l'Agence de l'Énergie provenant du **MODÈLE TAMPON**.

Prenons un instant pour repasser le **MODÈLE TAMPON** en revue:

- Nationalisation du secteur de l'énergie dans son ensemble
- Exploitation dans le plus grand respect de l'environnement puisque l'industrie relève maintenant de l'État

- Partenariat avec le secteur privé
- Stabilisation de l'inflation et du coût de la vie (du moins ceux liés au coût de l'énergie)
- Des ressources pour financer la recherche et l'émergence des énergies dites vertes

Les avantages du **MODÈLE TAMPON** sont :

- Stabilisation de l'inflation
- Arrêtez l'augmentation des taux d'intérêt et le FACTEUR PEUR
- Prix de l'essence à la pompe plus bas et stable par rapport à 2022
- La création d'une richesse nationale (une portion des profits retournés au gouvernement)
- Le moyen d'éviter ou de réduire les risques de guerres futures (Europe)

Et pour les citoyen(ne)s actionnaires du modèle amélioré :

- Prix de l'essence à la pompe plus bas et stable par rapport à 2022
- La création d'une richesse nationale (une portion des profits retournés au gouvernement)
- Dividendes bi-annuels sous forme de chèques à tous les citoyens sans discrimination d'âge
- Un moyen d'impliquer les jeunes dès un plus jeune âge
- Un moyen d'aider à inverser le problème de natalité dans les pays occidentaux

Et je ne fais qu'énumérer les avantages des effets secondaires du **MODÈLE TAMPON**. Je ne vends rien, je cherche seulement une solution à nos problèmes immédiats d'hyperinflation et de récession.

La partie vente de l'équation est venue alors que je cherchais un moyen d'atténuer la résistance au changement. Et bien d'accord, j'ai commencé à vendre ce plan aux gens et écouter leurs réactions. Avec le modèle amélioré, je ne peux pas imaginer un citoyen qui ne se tiendrait pas avec moi, avec nous. Même nos effets secondaires sont des solutions à eux seuls!

Maintenant, il est temps de vendre !

"Pour la stabilité, pour la prospérité, pour la paix."

Je pourrais ajouter à cela, pour l'avenir, mais cela signifierait que l'avenir est encore et toujours un autre concept à intégrer. Nous l'avons fait dès la genèse du modèle, en intégrant dans son ADN, les fonds pour développer et soutenir les énergies dites vertes et en supprimant la discrimination fondée sur l'âge. Alors, **POUR LA STABILITÉ, POUR LA PROSPÉRITÉ, POUR LA PAIX**!

Et le nom? Le **MODÈLE TAMPON** est le nom technique qui explique le véritable mécanisme de notre modèle tel qu'imaginé par André Châtelain. J'y ai mis ma touche, inspirée de ma propre expérience et des conversations que j'ai eues avec les Alphas de cette table ronde, François Dufour, Tranie Vo et William Bak.

Bon, si le **MODÈLE TAMPON** est un nom technique, ce n'est pas le meilleur. En anglais, ça passe encore avec **THE BUFFER MODEL**, mais sa traduction en français comme **MODÈLE TAMPON** est la pire image de marque de tous les temps! J'ai parcouru tous les synonymes de **TAMPON** dans les deux langues et je n'ai pas trouvé d'alternatives intéressantes ni attrayantes pour le grand public.

Puis, je suis revenu au slogan, **POUR LA STABILITÉ, POUR LA PROSPÉRITÉ, POUR LA PAIX**. Quel nom peut porter de telles valeurs? Étant donné que l'idée de proposer un chèque de dividende bi-annuel à tous les citoyen(ne)s sans discrimination d'âge n'est pas seulement de l'argent, mais un moyen de leur donner les moyens de s'impliquer davantage dans la gestion de leurs ressources naturelles, l'impact sur notre relève (nos jeunes), combinés avec tous les avantages immédiats de l'indépendance énergétique vis-à-vis le marché du pétrole international contrôlé par l'OPEP, le nom **MODÈLE LIBERTÉ** est devenu le nom parfait. Après tout, comme mentionné précédemment, ce n'est pas une question d'argent, mais de vie !

Vous vous interrogez sur l'attrait de ce nouveau nom? N'ai-je pas piqué votre curiosité avec le titre de ce chapitre? J'ai besoin d'un nom qui parle aux enfants, aux mamans, aux hommes et aux femmes. J'ai besoin d'un nom qui sera facile à retenir et amusant à partager. J'ai aussi besoin d'un nom qui atténue l'image de courage révolutionnaire d'un coeur vaillant; un qui ne projette ni agression ni menace. **LE MODÈLE LIBERTÉ** répond à tous ces besoins.

Je sais que nous parlons des intérêts de la nation et de l'économie, donc si nous devons vraiment rester sérieux, le nom **MODÈLE TAMPON** tient toujours, mais pourquoi être si sérieux? Après tout, comme mentionné précédemment, ceci n'est pas une question d'argent, mais de vie!

LE MODÈLE LIBERTÉ

POUR LA STABILITÉ, POUR LA PROSPÉRITÉ, POUR LA PAIX

Alors, quelle résistance reste-t-il? Si les critiques de ce modèle ne portent que sur son nom, ce serait un franc succès! Ceci est un plan inclusif pour un avenir meilleur pour tous. Commençons à construire !

Joignez-vous à nous alors que nous partageons avec vous nos conclusions et une solution pour éviter cette crise globale à l'horizon. Voici de l'espoir. Nous avons encore le temps d'agir et nous avons un plan. Ceci est **COVIDCONOMIE, CONTRER L'INFLATION SANS TOUCHER LES TAUX D'INTÉRÊT.**

Bienvenu(e)s aux Alphas.

JE REFUSE DE CROIRE QUE LE SEUL MOYEN
POUR CONTRER L'INFLATION EST L'AUGMENTATION DES TAUX D'INTÉRÊT
ET DE TUER NOTRE CLASSE ENTREPRENEURIALE DANS LE PROCESSUS
Dr. Bak Nguyen

CHAPITRE 6
"DÉVELOPPEMENT DURABLE"

POUR UN IMPACT AUJOURD'HUI ET UN, ENCORE MEILLEUR, DEMAIN

PAR Dr. BAK NGUYEN
& ANDRÉ CHÂTELAIN

Le plus grand paradoxe de ce plan est qu'il nécessite des actions et des conséquences immédiates pour changer les tendances hyperinflationistes qui s'installent alors que nous parlons. Ne pas agir ou procrastiner dans l'attente de la solution parfaite serait la pire des alternatives. Nous avons besoin d'un moyen de corriger les faiblesses de nos sociétés et s'assurer que le NOUVEAU MODÈLE n'aggravera pas d'autres enjeux.

"UN PROBLÈME À LA FOIS."

Les Alphas

Notre nouveau modèle économique propose un moyen de protéger la base de notre économie contre l'hyperinflation dérivée des courts de l'énergie. Bien sûr, l'inflation sera toujours un phénomène que nos sociétés devront contrôler, mais comme démontré précédemment, elle ne   permettrait plus à une telle spirale hyperinflationiste de menacer notre économie comme elle le fait en 2022.

Ce qui devrait retenir notre attention, c'est que jusqu'à présent, nous, le peuple, avons très peu d'influence sur ces vagues alors que nous sommes toujours mis en position de réaction (en retard face aux événements) pour réparer nos systèmes et préserver notre standard de vie. Même nos gouvernements ne peuvent, à eux seuls, changer le cours d'un tel phénomène, comme nous en avons été témoins en 2022. La solution doit être établie et synchronisée au sein des pays occidentaux.

Comment en sommes-nous arrivés à un tel niveau de dépendance sans avoir les moyens de contrôler notre propre destin? Et bien, de nombreux facteurs ont conduit à notre système actuel, mais la mondialisation est de loin le plus grand contributeur.La mondialisation, c'est un tout autre sujet de débat, avec ses avantages et ses inconvénients. Puisque nous sommes en quête de solutions urgentes contre l'hyperinflation, avec votre permission, concentrons nos énergies et remportons une première victoire.

"Une victoire à la fois."

Cela dit, nous avons étudié avec objectivité le phénomène de l'hyperinflation et ce qui conduit à sa croissance exponentielle. La nationalisation de notre secteur de l'énergie aidera à maintenir le prix de l'énergie domestique sous contrôle, mais pas le coût du transport des matériaux et des marchandises dans les deux sens autour du globe.

Ce serait idéal si tous les pays occidentaux agissaient en symphonie pour contrebalancer la production mondiale de pétrole, prenant ainsi le contrôle de la production de pétrole et de son prix sur les marchés internationaux. Toutefois, cela a aussi un coût élevé sur l'environnement.Si nous pouvons agir à unisson et reprendre le contrôle du prix de l'énergie, encore faut-il savoir que tous les autres pays dans notre chaîne d'approvisionnement puissent en faire autant. Le cas échéant, l'hyperinflation les affectera toujours et nous sera transmise dans le coût des produits importés.

En d'autres termes, comme les pays occidentaux agiront comme contrepoids à l'OPEP, nous allons exporter du pétrole sur le marché mondial. Sur ce point, en ce qui concerne les réserves de gaz de schiste, l'Amérique du Nord et l'Europe ont plus qu'assez de réserves pour contrôler leur propre destin énergétique. Voici 3 cartes du Canada, des États-Unis et de l'Europe avec des réserves estimées de gaz de schiste :

Au Canada, 3 provinces et 1 territoire ont du gaz de schiste dans leur sol: l'Alberta, la Saskatchewan, le Manitoba et les Territoires du Nord-Ouest.

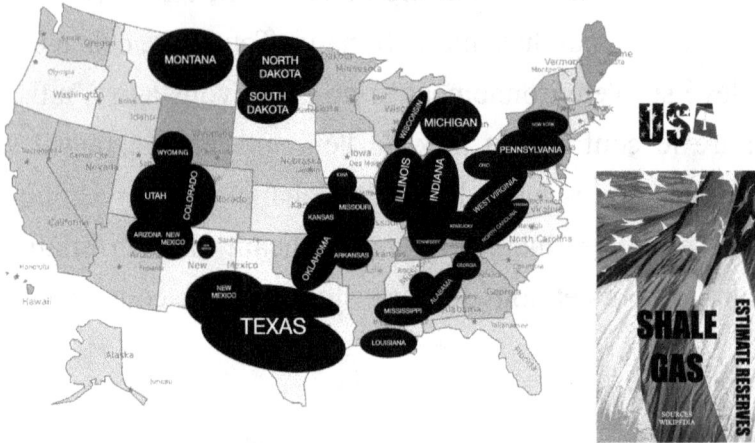

Aux États-Unis, on estime que 30 États ont du gaz de schiste dans leur sol: Montana, Dakota du Nord, Dakota du Sud, Wyoming, Utah, Colorado, Arizona, Nouveau-Mexique, Texas, Oklahoma, Kansas, Iowa, Missouri, Arkansas, Illinois, Wisconsin , Michigan, Indiana, Tennessee, Mississippi, Louisiane, Alabama, Géorgie, Kentucky, Virginie-Occidentale, Virginie, Caroline du Nord, Ohio, Pennsylvanie et New York.

En Europe, on estime que 14 pays ont du gaz de schiste dans leur sol: Royaume-Uni, France, Allemagne, Pologne, Belgique, Pays-Bas, Danemark, Norvège, Suède, Estonie, Lettonie, Lituanie et Grèce.

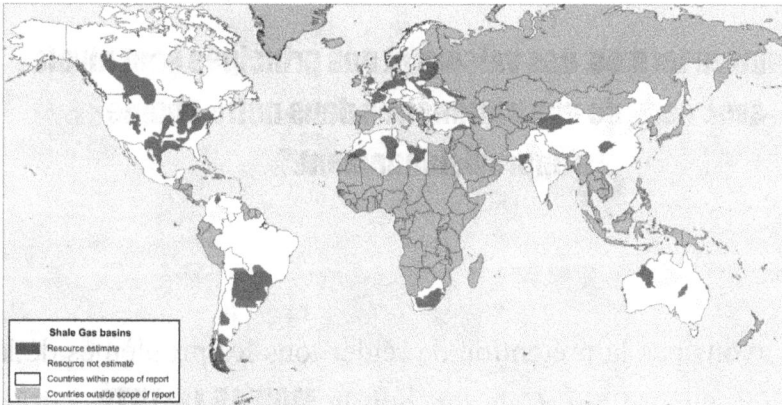

Ces cartes ont été créées avec comme référence la carte ci-dessus de Wikipédia indiquant les réserves mondiales de gaz de schiste estimées. Ceci prouve que si les pays occidentaux sont unis dans un front commun dans le **FRONT DE L'ÉNERGIE**, nous pouvons régulariser la production mondiale de pétrole et vraiment contrôler l'hyperinflation.

Cela dit, l'économie va reprendre. Toutefois, notre plus grande critique viendra des environnementalistes sur nos exploitations énergétiques et l'augmentation du CO_2 émis. Et ils auront raison. De plus, ce ne sont pas tous les pays de notre chaîne d'approvisionnement dans la mondialisation qui ont les mêmes principes et normes environnementales.

Comme dit précédemment, l'un des effets secondaires de la mondialisation est que nous n'avons pas d'influence directe sur la façon dont un pays est gouverné, mais on en partage les conséquences.

"En d'autres termes, nos valeurs et nos principes sont nivelés avec ceux de nos partenaires dans notre chaîne d'approvisionnement."

Dr. Bak Nguyen

Nous n'avons pas la prétention de régler tous les problèmes de la planète ici aujourd'hui. Cela dit, oui, le **MODÈLE LIBERTÉ**, s'il est appliqué par l'ensemble de l'Occident, produira plus de CO_2, ce qui n'aidera pas dans la lutte contre le réchauffement climatique, un enjeu d'importance majeure. Même si le réchauffement planétaire dépasse largement la mission de cette initiative, nous devons tout de même prendre notre part de responsabilité ou, du moins, contrebalancer notre empreinte environnementale.

C'est pourquoi nous proposons un système de pointage qui prendra en compte le CO_2 émis. On devra financer des initiatives environnementales pour nettoyer la planète au fur et à mesure que nous progressons. Pas dans 10 ans, pas dans 5, mais tout de suite, avec la même urgence d'agir.

Et comment allons-nous nous attaquer à des tâches aussi colossales tout en sauvant l'économie mondiale me demanderez-vous? Et bien, le **MODÈLE LIBERTÉ** s'occupe de ce qui se trouve à l'intérieur d'un pays. Étant donné que le modèle mettra un terme à l'hyperinflation, l'épargne sera directement transférée aux consommateurs en ramenant le prix du pétrole et des marchandises à un niveau plus raisonnable. Et pour le financement des initiatives environnementales? La **MONDIALISATION** devra également faire sa part.

L'impact environnemental du transport des matières premières et des produits finis d'un pays à l'autre et vice versa, n'est pas négligeable. Puisque tous les pays faisant partie de la chaîne d'approvisionnement   n'ont pas toutes les mêmes priorités environnementales, les traités mettront une éternité à normaliser les priorités vertes, nous proposons d'imposer des frais d'importation pour les marchandises de tous les pays, même en zone de libre-échange. Ces nouveaux frais de douane iront à

100% vers des initiatives environnementales internationales comme le nettoyage des océans (par exemple).

Les **DOUANES DE LA MONDIALISATION** seront gérés par chaque pays, mais doivent obligatoirement financer des enjeux environnementaux internationaux afin de combler le vide de notre système légal actuel. Jusqu'à présent, les océans et le ciel sont ouverts aux navires et aux avions de tous les pays. Cependant, aucune autorité ne porte a responsabilité des eaux internationaux ni de l'espace aérien internationale. Qui donc, protège ces ressources naturelles à la base de notre économie? Nous sommes limités par nos frontières nationales.

Les **DOUANES DE LA MONDIALISATION** ne sont pas du protectionnisme comme les critiques crieront à tue-tête. 100% des droits collectés sont redirigés au financement d'enjeux environnementaux internationaux! C'est un oubli dans le système de la mondialisation qu'il nous faut corriger pour garder la voie à un développement durable, pour notre propre avenir.

À la fin de la journée, ces frais de douane seront transférés aux consommateurs qui n'en ressentiront pas le plein fardeau puisque les prix à la consommation seront toujours moins que s'ils étaient touchés par l'hyperinflation. Notre objectif n'est pas de taxer ni de créer davantage de structures de gouvernance, mais d'assumer notre responsabilité et d'équilibrer notre empreinte environnementale.

"Nous ne pouvons pas simplement prendre et prendre encore et encore sans conséquences."

Dr. Bak Nguyen

Et qu'en est-il des problèmes environnementaux nationaux? Ceux-ci seront traités avec les bénéfices budgétés dans le **MODÈLE LIBERTÉ** pour les questions environnementales et la recherche sur l'énergie verte.

L'importance que nous marquons ici est que même si nous ne résoudrons pas tous les problèmes environnementaux liés à la production d'énergie, à sa consommation ou aux effets secondaires de la mondialisation, il est primordial de maintenir nos systèmes sous contrôle et dans le respect de l'environnement dans lequel nous dépendons.

L'hyperinflation est un feu qui se propage rapidement à tous les niveaux de la chaîne d'approvisionnement. Nous devons agir maintenant et avec détermination. Le réchauffement climatique est plus patient, la planète essuie encore nos abus et notre ignorance, mais pour combien de temps encore? Agissons avant qu'il ne soit trop tard! Prenons l'hyperinflation comme un avertissement et profitons-en pour résoudre certains de nos enjeux majeurs.

Joignez-vous à nous alors que nous partageons avec vous nos conclusions et une solution pour éviter cette crise globale à l'horizon. Voici de l'espoir. Nous avons encore le temps d'agir et nous avons un plan. Ceci est **COVIDCONOMIE, CONTRER L'INFLATION SANS TOUCHER LES TAUX D'INTÉRÊT.**

Bienvenu(e)s aux Alphas.

JE REFUSE DE CROIRE QUE LE SEUL MOYEN
POUR CONTRER L'INFLATION EST L'AUGMENTATION DES TAUX D'INTÉRÊT
ET DE TUER NOTRE CLASSE ENTREPRENEURIALE DANS LE PROCESSUS
Dr. Bak Nguyen

CHAPITRE 7
"L'EFFET PAPILLON"
SUCCÈS, RÉSISTANCE & ÉVOLUTION
PAR Dr. BAK NGUYEN

Nous avons consacré la première moitié de ce parcours à comprendre l'hyperinflation et ses conséquences. Nous avons élaboré un plan pour résoudre, à sa source, l'hyperinflation. Toutefois, l'inflation sera toujours un phénomène, mais un que nos systèmes ont contré avec succès.

L'inflation pendant la Pandémie entre 2020 et début de 2022 en est la preuve. Ce n'est que lorsque les guerres sont arrivées que l'inflation mondiale est devenue une hyperinflation. Cette solution n'est pas parfaite, mais elle relâchera la pression exercée sur les banques centrales pour continuer à augmenter les taux d'intérêt et de tuer notre classe entrepreneuriale au passage.

Garder à l'esprit que l'inflation est le phénomène qui se produit lorsque la demande dépasse la production. Et bien, nous ne voulons pas diminuer la demande, nous avons déjà hautement handicapé la production dans la gestion de la pandémie, en entraînant la paralysie partielle de la chaîne de production et d'approvisionnement mondial, malgré tous les efforts des entrepreneurs et les aides gouvernementales.

S'il vous plaît, ne touchez pas à la demande pour l'équilibrer avec notre production handicapée. Ce ne sera pas une cure, mais bien l'amputation de l'autre jambe pour équilibrer celle qui est boiteuse. C'est une image violente, mais c'est exactement ce qui est fait à l'heure actuelle, ralentir la demande en coupant le crédit et en semant la peur.

Au chapitre 5, nous avons proposé que 20% des bénéfices soient directement reversés aux citoyen(ne)s, sans discrimination d'âge, deux fois par année. Développons maintenant sur les 80% du bénéfice restant sur la table et comment ils seront répartis :

- 20% iront dans les coffres de l'état
- 20% pour continuer à faire grandir l'Agence Nationale
- 20% pour alimenter le **FONDS ÉNERGIE** pour soutenir la production nationale contre une offensive de l'OPEP (dans le cas qu'une baisse des prix en dessous de nos coûts de production domestique). En cas d'offensive prolongée, le gouvernement fédéral devra investir plus d'argent pour assurer une stabilité à 100 % dans la protection de la production d'énergie domestique.
- 20% pour les initiatives environnementales et la recherche sur les énergies vertes.

Même si les proportions des différents secteurs peuvent varier d'une année à l'autre après étude approfondie par le conseil d'administration et en réponse aux besoins sur le terrain, le bénéfice versé en dividendes de 20% aux citoyens restera INCHANGÉ. C'est notre façon de garder les citoyens proches et engagés dans la gestion de leur patrimoine et de leurs ressources naturelles.

Ce plan n'est pas parfait et nous en sommes pleinement conscients. Cela dit, c'est un plan que nous devons adopter dès maintenant pour mettre fin à l'hyperinflation avant que des dommages irréversibles ne se produisent dans notre économie et nous mettent sur la trajectoire de la pire dépression économique de tous les temps, avec des conditions de tempête parfaites : COÛT ÉLEVÉ DE L'ÉNERGIE, HYPERINFLATION, TAUX D'INTÉRÊT ÉLEVÉS .

Nous ne pouvons pas nous permettre de répéter l'histoire et ensuite, lire à son sujet dans le prochain livre d'Histoire. Nous devons agir dès maintenant! Nous en avons les moyens, les connaissances et le temps pour le faire.

"À chaque décision, à chaque action, une nouvelle cascade d'éléments émergera avec ses avantages et ses inconvénients."

Ces changements que nous proposons viendront avec leur lot d'objections et d'oppositions. Empruntons à l'opposition, sa résistance pour critiquer les effets papillon du **MODÈLE LIBERTÉ**. Ainsi, nous aurons la chance de toute suite remédier à ses faiblesses, ou du moins, les identifier clairement.

OPEP

Le **MODÈLE LIBERTÉ** opposera les producteurs actuels de pétrole et l'OPEP. Et bien, la réponse de l'OPEP, qu'elle augmente ou diminue sa production de pétrole, fait partie intégrante de l'équation à sa base avec le **FONDS ÉNERGIE**.

En fait, si l'OPEP augmente le prix du brut, tout le monde, y compris nous, seront plus riche grâce à notre exportation de pétrole. S'ils maintiennent le prix bas, ils infligeront à leur économie plus de mal qu'ils nous affligent, tout en nous transférant leur réserve de pétrole à un prix beaucoup moins cher. Ils n'auront aucun effet sur notre production nationale de pétrole comme par le passé. Le **MODÈLE LIBERTÉ** assure la stabilité de notre économie quel que soit le prix du pétrole sur le marché libre international.

LES PRODUCTEURS DE PÉTROLE

Concernant le secteur privé de la production pétrolière, et bien, certains seront toujours opposés à tout changement, quel qu'il soit, spécialement ceux qui perdent leurs positions quasi monopolistiques. Pour être juste, le gouvernement pourrait les racheter, tout comme ils l'ont fait dans le passé lors de la nationalisation de l'électricité.

L'autre option pour eux, est de s'associer à la nouvelle **AGENCE NATIONALE DE L'ÉNERGIE** et de lui vendre leur production. Ils ont perdu le contrôle, mais auront toujours accès à des bénéfices sûrs et stables s'ils décident de rester dans le nouveau système économique.

N'oublions pas que le **MODÈLE LIBERTÉ** permettra également l'émergence d'une toute nouvelle légion d'entrepreneurs en énergie comme on l'a vu aux États-Unis de 2000 à 2014 utilisant les nouvelles technologies pour extraire le gaz de schiste. Ce sont eux qui ont été les plus durement touchés par l'offensive de l'OPEP à l'époque. Plus maintenant.

Le **MODÈLE LIBERTÉ** a dans son fondement la volonté d'établir le partenariat avec le secteur privé. Ce qui est nationalisé, ce sont les ressources naturelles, pas la production elle-même.

LES ENVIRONNEMENTALISTES

La population et les experts, étant qui ils sont, nous prévoyons une grande popularité du **MODÈLE LIBERTÉ**, surtout une fois que la population commencera à recevoir leurs chèques de dividendes. Après la période d'implantation initiale et de stabilisation du processus de nationalisation et son réseau de distribution, les bénéfices vont couler abondamment vers la population. Si vous avez le moindre doute, visitez Dubaï et voyez les merveilles provenant des richesses du pétrole.

Alors, nos experts voudront exporter de plus en plus. Ils auront le soutien de la population puisque les chèques de dividendes augmenteront proportionnellement. Qu'en sera-t-il du réchauffement climatique et de la réduction des émissions de CO_2?

> *"Pour gagner, il faut à la fois le plan et l'argent. L'argent sans plan est inutile, tout comme un plan sans argent."*
>
> William Bak

C'est ce que William a découvert en jouant à des jeux de stratégie sur son ordinateur portable. Après des décennies passées à convaincre les dirigeants et la population sur toutes les tribunes qu'il est urgent d'agir, que le réchauffement climatique est une menace, nous commençons à faire des plans pour l'avenir, avec de longue période de transition, et encore, ce n'est pas l'unanimité.

Selon les experts, c'est peut-être trop peu, trop tard. Ils ont les connaissances et ont mis des décennies à accumuler une volonté politique. Pour être honnête, ils se battent toujours sur ce plan.

Je les remercie pour leur vision ainsi que pour les objections qu'ils auront à propos de notre plan pour sauver l'économie. Et ils ont raison! Mais, une crise à la fois! Ce que le **MODÈLE LIBERTÉ** apporte sur la table est l'URGENCE d'agir et la volonté politique qui l'accompagne. L'hyperinflation nous fera du mal bien avant le réchauffement climatique, avec tout le respect dû.

L'implantation du **MODÈLE LIBERTÉ** prendra des mois et des années. Dans l'immédiat, nos gouvernements peuvent déjà commencer à vendre leur pétrole sur le marché international avec de gros bénéfices. Les États-Unis le font déjà avec l'annonce de la vente d'un million de barils par jour pour les 6 prochains mois.

Le Canada est prêt à le faire aussi. En fait, le premier ministre de l'Alberta, Jason Kenney, supplie le gouvernement fédéral de lever les plafonds de production d'énergie imposés à sa province. Dans ses yeux, il s'agit d'une excellente opportunité d'exporter nos ressources naturelles à grand profit. Et il a raison sur ce point!

C'est paradoxal! Alors que tous ont peur de l'inflation et de la récession, ceci pourrait être une période d'abondance et de prospérité! Vous n'êtes toujours pas convaincu? Faites un tour à Dubaï et écoutez les projets des gens et leur état d'âme! Le **MODÈLE LIBERTÉ** efface la distinction entre nous et l'OPEP sur le plan pétrolier, nous sommes maintenant tous des producteurs de pétrole.

Ceci sera encore plus alarmant pour les écologistes et la communauté scientifique et nous sommes d'accord! Mais si nous ne le faisons pas, nos problèmes de réchauffement climatique sont toujours laissés à leur point mort et je doute que l'OPEP agisse pour aider.

Nous sommes engagés à soutenir ceux et celles qui luttent contre le réchauffement climatique. Ils et elles sont les bienvenu(e)s à la table exécutive, non pas pour bloquer les initiatives, mais pour savoir quoi faire dès que l'argent affluera, et ce sera le cas, bien plus tôt que prévu.

Ils ont les plans, pour emprunter les mots de William. Bientôt, nous en aurons les moyens. Et la volonté politique? Et bien, la mission première du **MODÈLE LIBERTÉ** est de garder notre indépendance énergétique. Réinvestir pour l'avenir vient juste après.

"Pour la stabilité, la prospérité et la paix."
Dr. Bak Nguyen

Comme je l'ai déjà dit, LE FUTUR n'est pas un concept mais une composante primaire de notre équation. Maintenant qu'on a rallié les environnementalistes et la communauté scientifique, nous devons rendre plus que nous ne prenons à mère nature. Et il nous faut faire ça pour hier!

Le **MODÈLE LIBERTÉ** apportera de l'argent beaucoup plus tôt que toute autre alternative actuellement en place. Nous sommes certes en retard, mais nous sommes l'option la plus rapide.

Les investissements dans la recherche des énergies vertes paraissent très bien sur papier, mais qu'en est-il dans les faits? Celles-ci mettront des décennies à porter fruits, si elles n'ont pas échoué en chemin. Ce n'est guère satisfaisant ni aux gardiens et gardiennes de l'environnement ni pour nous, citoyen(ne)s.

J'appliquerai ici la même conviction et le même sens de l'urgence que nous avons dans la lutte contre l'hyperinflation. Oubliez la recherche pour des énergies vertes, du moins pour l'instant.

Finançons ces scientifiques avec des solutions immédiates pour nettoyer la planète. Tout ce qui concerne l'environnement est le bienvenu. L'idée est de minimiser notre empreinte sur la nature, et là-dessus, nous sommes tellement en retard.

"Minimiser notre empreinte sur la planète."

Le **MODÈLE LIBERTÉ** accentuera notre empreinte sur la planète, c'est pourquoi nous allons agir avec la même rapidité d'exécution et avec la même détermination aux initiatives environnementales. Le temps des réflexions et des débats est résolu. Maintenant, il nous faut des résultats.

Dans un premier temps, la priorité sera de financer les initiatives avec un impact immédiat. La sélection des initiatives sera basée sur l'impact immédiat qu'ils auront sur l'environnement pour compenser celle de l'industrie de l'énergie. Les environnementalistes garderont l'oeil sur les pointages pour ajuster et influencer les prochaines initiatives.

Ceci ne remplacera pas ce que font actuellement nos gouvernements, mais s'y ajoutera. Avec la richesse générée par le **MODÈLE LIBERTÉ**, nos environnementalistes viennent de gagner une **FORCE DE FRAPPE** bien financée et durable.

Contrairement au modèle actuel où les initiatives prennent des mois et des années pour être approuvées et ensuite, sont à court d'argent, la **FORCE DE FRAPPE LIBERTÉ** est la cavalerie tant attendue avec la mission d'équilibrer son empreinte (jusqu'à ce qu'elle puisse nettoyer plus qu'elle inflige) perpétuellement financée par l'**AGENCE DE L'ÉNERGIE**. Les conditions de renouvellement des initiatives seront toujours basées sur le pointage de l'impact immédiat sur l'environnement. En résumé, le **MODÈLE LIBERTÉ** vient de devenir la cavalerie des gardiens de notre planète.

"Pour la stabilité, la prospérité et la paix."

Dr. Bak Nguyen

Alors quoi d'autre? À quelle objection n'avons-nous pas répondue? Les actions ont des conséquences, tout comme les inactions, aussi minimes qu'elles soient. Je suis très conscient que le **MODÈLE LIBERTÉ** n'est pas parfait. Néanmoins, il peut faire beaucoup de bien à court et moyen terme et nous gardons l'esprit ouvert à l'amélioration de son modèle et de ses intégrations.

Ce chapitre prouve la puissance et l'inclusion du **MODÈLE LIBERTÉ**. Avec pour mission d'équilibrer son empreinte environnementale et par son mécanisme de dividende, le **MODÈLE LIBERTÉ** est un nouveau modèle d'économie et de démocratie, un modèle autonome, proche de la population, un qui crée l'avenir au présent. Ici, le nom **LIBERTÉ** prend tout son sens.

Joignez-vous à nous alors que nous partageons avec vous nos conclusions et une solution pour éviter cette crise globale à l'horizon. Voici de l'espoir. Nous avons encore le temps d'agir et nous avons un plan. Ceci est **COVIDCONOMIE, CONTRER L'INFLATION SANS TOUCHER LES TAUX D'INTÉRÊT.**

Bienvenu(e)s aux Alphas.

JE REFUSE DE CROIRE QUE LE SEUL MOYEN
POUR CONTRER L'INFLATION EST L'AUGMENTATION DES TAUX D'INTÉRÊT
ET DE TUER NOTRE CLASSE ENTREPRENEURIALE DANS LE PROCESSUS
Dr. Bak Nguyen

PARTIE 2
ESPOIRS & PEURS

CHAPITRE 8
"ANDRÉ CHÂTELAIN"
par ANDRÉ CHÂTELAIN

Aux cours des derniers jours, j'ai été invité à réfléchir sur les différents problèmes liés a notre environnement économique (inflation, augmentation de taux d'intérêt, prix de l'énergie, faux libre marché du pétrole, etc).

Avec une très belle équipe de travail, nous avons concocté des pistes de solution qui, selon notre compréhension des problèmes, devraient grandement limiter les risques économiques que nous vivons comme Pays, Continents et même comme Planète.

Au cours des 20 dernières années, j'ai fait un constat préoccupant concernant notre société et aussi concernant celle de plusieurs autres grands Pays (France, États-Unis, etc). Le dynamisme et la capacité d'exécution a diminué de façon importante au cours de cette période. Notre capacité à faire arriver les grands projets structurants s'érode sous les oppositions, le dépassement de coût, la lourdeur administrative et législative, etc.

J'observe de plus en plus de divisions dans nos populations sur tous les sujets. Nous ne semblons plus être en mesure d'être unis et d'accord sur une vision et sur la mise en place de grands projets porteurs riches pour la pérennité de nos civilisations.

Peu importe le projet, la montée aux barricades est devenue très forte et la couverture médiatique est toujours de plus en plus amplifiée, ce qui se traduit par la paralysie des actions. Les Entrepreneurs créatifs et énergiques sont écrasés par une lourdeur de plus en plus présente dans toutes les sphères de notre société.

Pour résultat, nous stagnons et décourageons les gens qui espèrent un changement… et qui, souvent, ont l'énergie et les leviers nécessaires pour y arriver.

Dans notre livre, nous proposons des pistes de solutions courageuses qui pourraient certainement améliorer la vie au Canada et ailleurs dans le monde. Les personnes favorables diront que c'est une excellente idée et on doit au moins l'essayer! Les opposants feront des manifestations monstres et, par la peur, convaincront les politiciens de ne pas aller de l'avant.

Les décisions de nos Politiciens sont malheureusement liés à la popularité de leurs décisions du moment. Le regard est donc toujours à court terme et en fonction des cycles électoraux. Ce n'est certainement pas la meilleure façon de construire ni de faire évoluer un pays. Par conséquent, nous n'embrassons jamais les nouvelles idées qui pourraient nous faire progresser à vitesse grand V, et ce, par peur de déplaire à une minorité, la majorité étant devenue silencieuse avec le temps…

Étant une personne optimiste et croyant fermement en la capacité des gens à faire la différence, j'ai l'espoir que nous serons en mesure de faire évoluer notre système politique afin d'éliminer le **syndrome de l'opposition** qui perdure depuis trop longtemps dans notre classe politique; de faire en sorte que tous les élu(e)s, et ce, peu importe leur allégeance politique, travailleront ensemble pour le bien du pays.

Au moment où nos règles législatives/politiques seront modernisées, nous serons surpris par notre capacité à attirer davantage de personnes de très grandes compétences dans notre environnement politique régional, provincial et national. Normalement, nos élus devraient être les personnes les plus compétentes de notre pays.

Lorsque cela sera en place, je suis convaincu que nous serons en mesure de redevenir une civilisation créative, respectueuse et capable de faire de grandes choses pour tous. Nous l'avons déjà été… nous pouvons encore aller plus loin… ensemble.

D'ici là, j'espère que ma modeste contribution à ce plan vous aura permis de mieux comprendre les différentes facettes de notre économie, mais surtout de mieux comprendre ce qui ne va pas et pourquoi. La solution vient tout naturellement par la suite.

"Le commencement de chaque solution débute par la compréhension en profondeur du problème."
André Châtelain

Joignez-vous à nous alors que nous partageons avec vous nos conclusions et une solution pour éviter cette crise globale à l'horizon. Voici de l'espoir. Nous avons encore le temps d'agir et nous avons un plan. Ceci est **COVIDCONOMIE, CONTRER L'INFLATION SANS TOUCHER LES TAUX D'INTÉRÊT.**

Bienvenu(e)s aux Alphas.

JE REFUSE DE CROIRE QUE LE SEUL MOYEN POUR CONTRER L'INFLATION EST L'AUGMENTATION DES TAUX D'INTÉRÊT ET DE TUER NOTRE CLASSE ENTREPRENEURIALE DANS LE PROCESSUS
Dr. Bak Nguyen

120

CHAPITRE 9
"FRANÇOIS DUFOUR"
PAR FRANÇOIS DUFOUR

Nous aspirons tous à avoir une meilleure qualité de vie, non seulement pour nous-mêmes, mais aussi pour notre famille et notre communauté. On peut réfléchir à la façon d'améliorer notre société pour atteindre l'objectif mentionné ci-dessus.

Est-ce en améliorant les politiques gouvernementales? Est-ce en réduisant la taille du gouvernement en termes de compétences et de ressources?

Dans ce livre, nous parlons d'ajouter une autre intervention gouvernementale, soit dans le contrôle des prix du pétrole. Compte tenu de la situation désastreuse actuelle, nous sommes obligés d'aller dans cette direction. En fin de compte, le gouvernement devrait être là, seulement en dernier recours, comme pour les renflouements des prêts hypothécaires à hauts risques (subprimes), les prestations canadiennes d'urgence (Covid) et pour notre protection en temps de guerre.

La taille du gouvernement devrait toujours être contrôlée et se maintenir à un certain niveau. Nous avons vu au fil du temps que le fait d'avoir une seule institution avec la majorité des pouvoirs et des ressources mène à des inégalités et à de la corruption.

"Les êtres humains doivent être laissés à leur propre sort. L'ambition individuelle et l'entrepreneuriat sont beaucoup plus puissants que l'aspect communautaire."
François Dufour

Nous avons vu clairement avec la guerre froide les dualités de deux philosophies, et l'une a fini par être le vainqueur définitif. De plus, économiquement parlant, un principe de base tel que la perte inhérente des ressources lorsque le gouvernement et la fiscalité sont impliqués et bien prouvé. Pour augmenter la richesse globale, les interventions du gouvernement devraient, si possible, être réduites. Tout comme les antibiotiques, le gouvernement ne devrait qu'intervenir qu'en cas de besoin.

Toutefois, aujourd'hui, nous sommes confrontés à des défis majeurs dans notre économie qui mèneront à des troubles sociétaux et politiques à grande échelle alors que l'hyperinflation s'insinue lentement dans le prix des aliments.

"Lorsque les gens ont faim, c'est là que nous voyons des troubles civils."
François Dufour

Le gouvernement doit agir maintenant et très rapidement. Augmenter les taux d'intérêt n'est peut-être pas la meilleure solution. En effet, avec l'autoroute de l'information, le capitalisme est sur stéroïdes et s'accélère rapidement. Un événement en Chine peut avoir une incidence sur l'économie du Canada le lendemain.

L'augmentation du taux d'intérêt est une action lente qui peut avoir un impact sur la vie des gens, mais dans un délai plutôt à moyen et à long terme. On pourrait dire que l'augmentation des taux d'intérêt n'est pas suffisante en temps opportun et elle est basée sur des chiffres de l'inflation qui sont un indicateur du passé (d'au moins 6 mois). Une solution rapide et efficace consiste à contrôler le prix du pétrole aujourd'hui.

Sommes-nous sur la bonne voie? La façon dont nous gérons l'économie mondialisée est-elle la plus bénéfique pour les humains et l'environnement dans son ensemble? Ce sont là quelques-unes des questions dont nous discuterons dans un autre livre. Il faut réexaminer beaucoup de choses, comme la délocalisation des usines et des emplois, l'évasion fiscale et les inégalités.

Joignez-vous à nous alors que nous partageons avec vous nos conclusions et une solution pour éviter cette crise globale à l'horizon. Voici de l'espoir. Nous avons encore le temps d'agir et nous avons un plan. Ceci est **COVIDCONOMIE, CONTRER L'INFLATION SANS TOUCHER LES TAUX D'INTÉRÊT.**

Bienvenu(e)s aux Alphas.

JE REFUSE DE CROIRE QUE LE SEUL MOYEN
POUR CONTRER L'INFLATION EST L'AUGMENTATION DES TAUX D'INTÉRÊT
ET DE TUER NOTRE CLASSE ENTREPRENEURIALE DANS LE PROCESSUS
Dr. Bak Nguyen

CHAPITRE 10
"WILLIAM BAK"
PAR WILLIAM BAK

Mon nom est William Bak, le plus jeune des Alphas sur cette table ronde. Je suppose que je suis le plus jeune Alpha du monde! J'ai 12 ans et je représente ma génération à cette table.

Je n'ai peut-être que 12 ans, mais je suis l'un des co-auteurs les plus productifs de mon père. J'ai co-signé avec mon père, le Dr Bak, 34 livres et j'en ai aussi écrit un seul, ce qui m'amène à 35 livres au total! Celui-ci est mon 36ème. J'espère avoir suscité votre intérêt.

J'ai demandé à joindre cette table ronde en entendant mon père parler avec les différents Alphas au téléphone. Je pensais que tout ce que je devais faire était de parler et de donner mon opinion. Et bien, cela ne s'est pas passé exactement comme prévu. D'abord, j'ai dû écouter beaucoup plus que j'ai pu parler, puis on m'a demandé d'écrire un chapitre sur mes espoirs et mes peurs pour notre économie. Économie, c'est encore un mot nouveau pour moi, un que je m'efforce de comprendre pleinement!

Honnêtement, je m'inquiète pour les magasins, les entreprises et le prix de l'essence. D'après ce que je peux voir, il manque beaucoup de travailleurs dans les magasins, car les grands magasins comme Walmart sont désormais obligés de fermer toutes les caisses pour les remplacer uniquement par des caisses libre-service. Je pensais qu'ils voulaient économiser sur les salaires des employés, mais non, mon père m'a dit qu'ils étaient obligés de le faire pour faire face à la pénurie de main d'oeuvre. C'est un sentiment étrange de magasiner de nos jours.

À propos des entreprises, j'ai vu et entendu des entreprises fermer ici et là. J'ai entendu des amis de mon père parler de leurs difficultés en tant qu'employeurs et entrepreneurs après 2 ans et demi de pandémie. Je m'inquiète pour l'entreprise de mes parents puisque plus personne ne veut revenir travailler en ville… ça m'inquiète et je n'y peux rien.

Et pour le prix de l'essence? C'est vraiment le dernier de mes soucis, mais mon père dit que les prix augmentent trop rapidement. Il m'a même raconté que lorsqu'il avait mon âge, le prix de l'essence était d'environ 0,39$ le litre. Aujourd'hui, c'est presque 2$! Ce n'est pas beaucoup du tout…! Bon, c'était il y a longtemps, mais quand même! Jusqu'où ça va aller?

Je sais que les Alphas du monde entier font de leur mieux pour régler la situation, je les ai entendus. J'espère que nous trouverons un moyen de faire fonctionner toutes les voitures à l'électricité, car l'essence coûte trop cher et pollue également la planète. J'ai peur que dans 50 ans ou plus, nous n'ayons plus assez de nourriture et que la planète meure et nous avec elle!

J'espère aussi que les entreprises et les commerces reviennent à la normale, avec des gens qui reviennent travailler en ville et à l'intérieur des magasins. Cette folie doit se terminer!

Pour tout le monde, j'espère profondément que nous pourrons trouver un moyen de nous motiver pour retrouver notre passion et un peu de plaisir au travail. Plus personne ne semble être heureux au travail, ils semblent tous fatigués, impatients; certains, même, en colère. Tout comme les paroles de la chanson de The Score, nous devons revenir, plus forts qu'avant!

Enfin, mon espoir est que les générations futures n'auront jamais à faire face aux mêmes problèmes. C'est donc mon chapitre et je vous ai ouvert mon coeur. J'ai 12 ans et ne me sous-estimez pas. Je suis ici pour aider!

Joignez-vous à nous alors que nous partageons avec vous nos conclusions et une solution pour éviter cette crise globale à l'horizon. Voici de l'espoir. Nous avons encore le temps d'agir et nous avons un plan. Ceci est **COVIDCONOMIE, CONTRER L'INFLATION SANS TOUCHER LES TAUX D'INTÉRÊT.**

Bienvenu(e)s aux Alphas.

JE REFUSE DE CROIRE QUE LE SEUL MOYEN
POUR CONTRER L'INFLATION EST L'AUGMENTATION DES TAUX D'INTÉRÊT
ET DE TUER NOTRE CLASSE ENTREPRENEURIALE DANS LE PROCESSUS
Dr. Bak Nguyen

127

CHAPITRE 11
"TRANIE VO"
PAR TRANIE VO

Mon nom est Tranie Vo, je suis la COO de M-dex & Co. Je suis une femme entrepreneur de la diversité depuis plus de 20 ans. J'ai fondé mon entreprise avec mon partenaire, le Dr. Bak. Mon rôle principal est de diriger les équipes pour atteindre les objectifs et développer les marchés. J'adore ce que je fais.

L'inflation que l'on vit ces derniers temps, de proche ou de loin, a touché tout le monde. Les prix montent et ne cessent de monter, et je ne parle pas seulement du prix de l'essence. C'est un problème majeur qui inquiète tout le monde.

Ces deux dernières années, je ne parle pas seulement pour moi, mais au nom des entrepreneurs que je côtoie, ont été extrêmement difficile. On a vécu toute sorte de défis, que ce soit les restrictions de la COVID, aux investissements obligatoires pour le contrôle des infections à la perte de nos chiffres d'affaire parce que les gens ont quitté leur lieux de travail, à la pénurie de main d'oeuvre, la liste est encore longue…

La vie a changé. Les gens ont changé. Certains sont partis et ne reviendront pas. D'autres sont devenus amères et intraitables… tout a changé. Avec les gens qui ont changé, les habitudes de consommation ne sont plus les mêmes non plus. En bref, pour la classe entrepreneuriale, les 2 dernières années ont été un véritable casse-tête et une course d'endurance avec les yeux bandés! Donc c'était extrêmement difficile.

Personnellement, je me considère très chanceuse d'avoir mon équipe en ces temps de tempête. On a des gens qui croient en nous et qui sont prêts à remonter les défis pour nous et nous pour eux. C'est vraiment cet esprit d'équipe qui m'a aidé à garder le moral et le cap ces 2 dernières années.

Et maintenant, après la pandémie et la pénurie de main d'oeuvre, voici que l'hyperinflation et l'explosion des taux d'intérêts nous menacent. Ce ne sont pas seulement la hausse des taux, mais aussi la restriction au crédit de consommation qui nous affectent.

Et cette dernière attaque remonte au coût de l'énergie. Dans ce parcours de **COVIDCONOMIE**, il a été très bien illustré que le prix de l'essence est à la base de nos problèmes d'hyperinflation. Tout coûte tout simplement plus chère, de l'essence à l'épicerie. Cela s'ajoute à la pénurie de main d'oeuvre qui avait déjà fait exploser les salaires. L'explosion des prix va accentuer le cycle vicieux des augmentations…

Et le facteur énergie a tout simplement fait exploser la donne depuis le début de l'année 2022. Sur la table ronde des Alphas, on a un plan national et occidental pour contrer l'hyperinflation.

Ça se tient et ça a beaucoup de sens. De toute façon, c'est la seule véritable solution sur la table. La chance qu'on a au Canada, c'est qu'on a des ressources naturelles, donc c'est maintenant une question de développement et d'implantation de plans stratégiques et économiques.

En d'autres mots, il est possible de renverser la situation de problématique pour en faire une bonne opportunité d'enrichir tout le pays, ou du moins d'arrêter notre état de siège économique.

Pour y arriver, il va falloir du leadership et des dirigeants courageux avec de la vision pour tous leurs citoyen(ne)s. Arrêtons de se faire dicter nos conditions de vie par d'autres pays! La réponse passe par l'indépendance énergétique.

En tant qu'entrepreneur, cela me donne beaucoup d'espoirs. J'ai l'espoir que cette piste de solution va arrêter notre descente vers les enfers qui s'accélère depuis le début de l'année. À tout problème, il y a toujours une solution.

Pour ce faire, il faut que nos instances gouvernementales travaillent ensemble et tous dans la même direction. Ce n'est ni une personne ni une compagnie seule qui arrivera à retourner cette vague menaçante. Ce qu'il nous faut est du leadership!

Comme nos entrepreneurs et travailleurs sur le terrain, il faut retrouver l'espoir et l'envie de s'unir pour une solution. Ma plus grande crainte est d'assister à un manque de leadership, de courage et/ou de la procrastination qui ne feront qu'empirer notre situation économique actuelle.

Il faut que nos dirigeants priorisent. Oui, il y a d'autres problèmes, mais celui-ci, l'hyperinflation doit être ramener sous contrôle aujourd'hui! Et la réponse, vous l'ave dans ce livre! C'est maintenant un travail de leadership pour unir nos citoyens vers un avenir common, un avenir meilleur.

Ce siège économique perdure depuis plus de 2 ans et demi. Mon souhait qu'en plus d'une solution à ces crises consécutives, on retrouve aussi une paix intérieure et une joie de vivre. Je reviens ici au slogan de Mdex

"La joie, la vie"
Mdex & Co.

Joignez-vous à nous alors que nous partageons avec vous nos conclusions et une solution pour éviter cette crise globale à l'horizon. Voici de l'espoir. Nous avons encore le temps d'agir et nous avons un plan. Ceci est **COVIDCONOMIE, CONTRER L'INFLATION SANS TOUCHER LES TAUX D'INTÉRÊT.**

Bienvenu(e)s aux Alphas.

JE REFUSE DE CROIRE QUE LE SEUL MOYEN
POUR CONTRER L'INFLATION EST L'AUGMENTATION DES TAUX D'INTÉRÊT
ET DE TUER NOTRE CLASSE ENTREPRENEURIALE DANS LE PROCESSUS
Dr. Bak Nguyen

CONCLUSION

PAR Dr. BAK NGUYEN

On vous a promis un plan, le voici, un qui résoudra l'hyperinflation à sa source. Nous avons encore le temps d'agir, mais pour cela, nous devons nous rassembler et mettre de côté nos différences et nos agendas personnels. Si nous voulons sortir de cette crise, de la menace de la plus grande récession de notre vivant, ceci est notre chance.

Nous sommes très conscients que notre plan n'est pas parfait. Cependant, il est applicable dès maintenant et aura des effets positifs pour les générations à venir, tant que nous respecterons l'architecture intrinsèque du **MODÈLE LIBERTÉ**:

1. Verser les dividendes **LIBERTÉS** de 20%, bi-annuellement et sans discrimination d'âge afin de maintenir l'engagement des citoyen(ne)s et des jeunes.

2. Protéger notre production d'énergie domestique avec le **FONDS LIBERTÉ** (20%). Même si, en cas de crise, le gouvernement doit injecter plus d'argent dans ce FONDS, c'est un bien meilleur marché que de sauver notre économie de l'hyperinflation et de répondre aux besoins de chômage qui en découlent.

3. Pour équilibrer notre empreinte sur l'environnement au présent (20%). Grâce à la **FORCE DE FRAPPE LIBERTÉ** qui n'est pas une image de marque, mais bien une équipe d'élite perpétuellement financée par les bénéfices du **MODÈLE LIBERTÉ**, agissant avec le même sentiment d'urgence !

Ceci représente 60% des bénéfices de l'AGENCE DE L'ÉNERGIE. Des 40% restant, 50% iront dans les coffres des gouvernements et 50% seront réinvestis dans les infrastructures et l'évolution de l'AGENCE (gestion saine respectant les standards des grandes compagnies).

Le **MODÈLE LIBERTÉ** est celui qui résoudra l'hyperinflation à court terme. Ce n'est peut-être pas la pilule miracle à tous nos maux, mais c'est une chance pour nous tous de nous unir et de reprendre le contrôle de nos vies et de nos choix. C'est une lueur d'espoir pour l'action, pour faire la différence, pour préserver notre indépendance.

Pour moi, ceci est bien plus qu'un espoir, c'est un plan. J'ai écrit ce plan car j'ai eu la chance et le privilège d'échanger avec des gens brillants aux grands coeurs. André, François, Tranie, William, je vous remercie pour votre implication, pour votre vision, pour votre courage. J'ai mis tout ce que j'ai sur la table parce que je me sens concerné et que je refuse d'estomaquer un autre échec, une autre défaite; parce que je refuse de blâmer quelqu'un d'autre plus tard.

Maintenant que les objectifs sont clairs, que le plan est sur la table, pouvons-nous nous unir et agir dans l'intérêt de tous? Bien sûr, il y aura des négociations intenses entre les différents paliers de gouvernement concernant la gestion et le contrôle de l'AGENCE DE L'ÉNERGIE, nous ne sommes pas naïfs.

Et bien, ils ont environ un mois pour trouver un terrain d'entente car, ne sont-ils pas là au service de leurs concitoyens, ceux et celles qui les ont amené au pouvoir? Ceux et celles qui les garderont au pouvoir? Le temps presse!

Si le Canada et les États-Unis arrivent à un tel accord entre les différents paliers de gouvernance, il y a de l'espoir pour l'Union Européenne aussi. N'oubliez pas que nous faisons face à une **LIGUE DES NATIONS, l'OPEP.** La seule façon de gagner ce pari est par l'union du le monde occidental, un uni pour tous ses citoyens.

Mon espoir pour l'avenir est d'avoir aidé à désamorcer la plus grande dépression économique de notre vivant. Si, ce faisant, nous aurons contribué à construire une lueur d'espoir pour résoudre nos autres problèmes tels que le réchauffement climatique, j'espère avoir ouvert la porte à des esprits plus brillants qui proposeront des solutions inspirées de ce modèle. Après tout, c'est notre planète, nos vies et notre avenir qui sont dans la balance! Nous ne prétendons pas être la solution au réchauffement climatique, mais nous espérons être une force de frappe, une au présent.

Et à propos de mes peurs? Et bien, je n'ai pas écrit un livre pour écrire un autre livre qui, soit dit en passant, deviendra un documentaire qui sera soumis à AMAZON PRIME pour une distribution internationale. Sur ce sujet, je viens de recevoir quelques confirmations et le feu vert de mon équipe de production.

J'ai écrit ce plan parce que j'ai foi en nous, parce que je suis persuadé que nous pouvons le faire, ensemble. Ma plus grande peur sera d'être devant vous, dans 5 ans, pour vous dire: "Je le savais, je vous l'avais dit!" Ce serait une honte et un gaspillage impardonnable puisque nous avions un plan et encore le temps d'agir à ce moment même. Je ne peux pas porter cette victoire par moi-même. Nous avons besoin de chacun d'entre vous pour le réaliser.

Je vous ai donné ma passion et mon intelligence, mes mots et mon leadership dans ce plan. Je vous promets que je pousserai pour que ce plan trouve sa voie, avec les moyens mis à ma disposition. J'ai besoin de vous! Ensemble, c'est possible! Joignez-vous à nous afin de poser vos questions, afin d'améliorer notre modèle, afin de passer le message à nos dirigeants pour qu'ils agissent au présent!

"Pour la stabilité, pour la prospérité, pour la paix."
Dr. Bak Nguyen

Loin d'être une conclusion, ceci est le début de la solution, une solution inclusive avec l'ambition, non pas d'être parfaite, mais d'être au présent, d'être un espoir pour le changement, d'être l'incarnation du pouvoir citoyen de la démocratie moderne.

On dit que l'union fait la force. Cessons les divisions et unissons-nous pour l'avenir, pour nos enfants, pour nos parents, pour notre planète. Nous pouvons résoudre ce problème, ensemble. Nous pouvons éviter la douleur et la misère à venir, ensemble. Alors rejoignez-moi, pour la stabilité, pour la prospérité, pour la paix!

Nous avons un plan. Ceci est **COVIDCONOMIE, CONTRER L'INFLATION SANS TOUCHER LES TAUX D'INTÉRÊT.**

Bienvenu(e)s aux Alphas.

JE REFUSE DE CROIRE QUE LE SEUL MOYEN
POUR CONTRER L'INFLATION EST L'AUGMENTATION DES TAUX D'INTÉRÊT
ET DE TUER NOTRE CLASSE ENTREPRENEURIALE DANS LE PROCESSUS
Dr. Bak Nguyen

ANNEX
GLOSSARY OF Dr. BAK's LIBRARY

1

1SELF -080

REINVENT YOURSELF FROM ANY CRISIS

BY Dr. BAK NGUYEN

1SELF is about reinventing yourself to rise from any crisis. Written in the midst of the COVID war, now more than ever, we need hope and the know-how to bridge the future. More than just the journey of Dr. Bak, this time, Dr. Bak is sharing his journey with mentors and people who built part of the world as we know it. Interviewed in this book, CHRISTIAN TRUDEAU, former CEO and FOUNDER of BCE EMERGIS (BELL CANADA), he also digitalized the Montreal Stock Exchange. RON KLEIN, American Innovator, inventor of the magnetic stripe of the credit card, of MLS (Multi-listing services) and the man who digitalized WALL STREET bonds markets. ANDRE CHATELAIN, former first vice-president of the MOVEMENT DESJARDINS. Dr. JEAN DE SERRES, former CEO of HEMA QUEBEC. These men created billions in values and have changed our lives, even without us knowing. They all come together to share their experiences and knowledge to empower each and everyone to emerge stronger from this crisis, from any crisis.

A

AFTERMATH -063
BUSINESS AFTER THE GREAT PAUSE
BY Dr. BAK NGUYEN & Dr. ERIC LACOSTE

In AFTERMATH, Dr. Bak joins forces with Community leader and philanthrope Dr. Eric Lacoste. Two powerful minds and forces of nature in the reaction to the worst economic meltdown in modern times. We are all victims of the CORONA virus. Both just like humans have learnt to adapt to survive, so is our economy. Most business structures and management philosophies are inherited from the age of industrialization and beyond. COVID-19 has shot down the world economy for months. At the time of the AFTERMATH, the truth is many corporations and organizations will either have to upgrade to the INFORMATION AGE or disappear. More than the INFORMATION upgrade, the era of SOCIAL MEDIA and the MILLENNIALS are driving a revolution in the core philosophy of all organizations. Profit is not king anymore, support is. In this time and age where a teenager with a social account can compete with the million dollars PR firm, social implication is now the new cornerstone. Those who will adapt will prevail and prosper, while the resistance and old guards will soon be forgotten as fossils of a past era.

ALPHA DENTISTRY vol. 1 -104
DIGITAL ORTHODONTIC FAQ
BY Dr. BAK NGUYEN

In ALPHA DENTISTRY, DIGITAL ORTHODONTICS FAQ, Dr. Bak is looking to democratize the science of dentistry, starting with orthodontics. In a word, he is sharing everything a patient needs to know on the matter in FAQ form. In order to make the knowledge complete and universal, Dr. Bak has invited Alpha Dentists from all around the world to join in and answer the same question. With Alpha Dentists from America and Europe, ALPHA DENTISTRY is the first effort to create a universal knowledge in the field of dentistry, starting with orthodontics. ALPHA DENTISTRY, DIGITAL ORTHODONTICS FAQ is in response to the COVID crisis, the shortage of staff crisis, and the effort to unify dentistry to the Information Age, as discussed in RELEVANCY and COVIDCONOMICS, THE DENTAL INDUSTRY.

ALPHA DENTISTRY vol. 1 -109
DIGITAL ORTHODONTIC FAQ ASSEMBLED EDITION

🇺🇸 USA 🇪🇸 SPAIN 🇩🇪 GERMANY 🇮🇳 INDIA 🇨🇦 CANADA

BY Dr. BAK NGUYEN, Dr. PAUL OUELLETTE, Dr. PAUL DOMINIQUE, Dr. MARIA KUNSTADTER, Dr. EDWARD J. ZUCKERBERG, Dr. MASHA KHAGHANI, Dr. SUJATA BASAWARAJ, Dr. ALVA AURORA, Dr. JUDITH BÄUMLER, and Dr. ASHISH GUPTA

In ALPHA DENTISTRY, DIGITAL ORTHODONTICS FAQ, Dr. Bak is democratizing the science of dentistry, starting with orthodontics. In a word, he is sharing everything a patient needs to know on the matter in FAQ form, simple words you'll understand.10 International Alpha Doctors, from USA, Spain, Germany, India, and Canada are joining forces to make the knowledge complete and universal. ALPHA DENTISTRY is the first effort to create a universal knowledge in the field of dentistry, this is the orthodontics volume. This is the most ambitious book project in the History of Dentistry. ALPHA DENTISTRY is in response to the COVID crisis, the shortage of staff crisis, and the effort to unify dentistry to the Information Age, as discussed in RELEVANCY and COVIDCONOMICS, THE DENTAL INDUSTRY.

ALPHA DENTISTRY vol. 1 -113
DIGITAL ORTHODONTIC FAQ INTERNATIONAL EDITION

🇬🇧 ENGLISH 🇪🇸 SPANISH 🇩🇪 GERMAN 🇮🇳 HINDI 🇨🇦 FRANÇAIS

BY Dr. BAK NGUYEN, Dr. PAUL OUELLETTE, Dr. PAUL DOMINIQUE, Dr. MARIA KUNSTADTER, Dr. EDWARD J. ZUCKERBERG, Dr. MASHA KHAGHANI, Dr. SUJATA BASAWARAJ, Dr. ALVA AURORA, Dr. JUDITH BÄUMLER, and Dr. ASHISH GUPTA

In ALPHA DENTISTRY, DIGITAL ORTHODONTICS FAQ, Dr. Bak is democratizing the science of dentistry, starting with orthodontics. In a word, he is sharing everything a patient needs to know on the matter in FAQ form, simple words you'll understand.10 International Alpha Doctors, from USA, Spain, Germany, India, and Canada are joining forces to make the knowledge complete and universal. ALPHA DENTISTRY is the first effort to create a universal knowledge in the field of dentistry, this is the orthodontics volume. This is the most ambitious book project in the History of Dentistry. ALPHA DENTISTRY is in response to the COVID crisis, the shortage of staff crisis, and the effort to unify dentistry to the Information Age, as discussed in RELEVANCY and COVIDCONOMICS, THE DENTAL INDUSTRY.

ALPHA LADDERS -075
CAPTAIN OF YOUR DESTINY
BY Dr. BAK NGUYEN & JONAS DIOP

In ALPHA LADDERS, Dr. Bak is sharing his private conversation and board meetings with 2 of his trusted lieutenants, strategist Jonas Diop and international Counsellor, Brenda Garcia. As both Dr. Bak and ALPHA brands are gaining in popularity and traction, it was time to get the movement to the next level. Now, it's about building a community and helping everyone willing to become ALPHAS to find their powers. Dr. Bak is a natural recruiter of ALPHAS and peers. He also spent the last 20 years plus, training and mentoring proteges. Now comes the time to empower more and more proteges to become ALPHAS. ALPHAS LADDERS is the journey of how Dr. Bak went from a product of Conformity to rise into a force of Nature, known as a kind tornado. In ALPHA LADDERS Jonas pushed Dr. Bak to retrace each of the steps of his awakening, steps that we can break down and reproduce for ourselves. The goal is to empower each willing individual to become the ultimate Captain of his or her destiny, and to do it, again and again. Welcome to the Alphas.

ALPHA LADDERS 2 -081
SHAPING LEADERS AND ACHIEVERS
BY Dr. BAK NGUYEN & BRENDA GARCIA

In ALPHA LADDERS 2, Dr. Bak is sharing the second part of his private conversation and board meetings with his trusted lieutenants. This time it is with international Counsellor, Brenda Garcia that the dialogue is taking place. In this second tome, the journey is taken to the next level. If the first tome was about the WHYs and the HOWs at an individual level, this tome is about the WHYs and the HOWs at the societal level. Through the lens of her background in international relations and diplomacy, Brenda now has the mission to help Dr. Bak establish structures, not only for his emerging organization and legacy, THE ALPHAS, but to also inspire all the other leaders and structures of our society. To do this, Brenda is taking Dr. Bak on an anthropological, sociological and philosophical journey to revisit different historical key moments in various fields and eras, going as far back as ancient Greece at the dawn of democracy, all the way to the golden era of modern multilateralism embodied by the UN structure. Learning from the legacies of prominent figures going from Plato to Ban Ki-Moon, Martin Luther King or Nelson Mandela, to Machiavelli, Marx and Simone de Beauvoir, Brenda and Dr. Bak are attempting to grasp the essence of structure and hierarchy, their goal being to empower each willing individual to become the ultimate Captain of their success, to climb up the ladders no matter how high it is, and to build their legacy one step at a time.

ALPHA MASTERMIND vol. 1 -116
THE SUPERHERO'S SYNDROME
BY Dr. BAK NGUYEN

ALPHA MASTERMIND, THE SUPER HERO'S SYNDROME, is not a superhero book, but it is the tale of every leader, entrepreneur, and everyday hero facing their destiny and entourage. It uncovers how society sees our best elements and expects from them. It covers how family and friends feel and why they act as they do. But most importantly, it covers how Alphas can emerge unscathed from their growth to uncover their true powers and purpose. A veteran agent of change and difference maker, Dr. Bak is sharing his experience and secret of why and how surfing through family and society pressure without revolting and without kneeling. THE SUPERHERO'S SYNDROME is the first volume inspired by the MASTERMINDS sessions as Dr. Bak is mentoring Alpha apprentices. The superhero's syndrome came to the table as Alphas are struggling to fit in society, to keep their values and generosity while facing so much negativity all around. Welcome to the Alphas.

AMONGST THE ALPHAS -058
BY Dr. BAK NGUYEN, with Dr. MARIA KUNSTADTER, Dr. PAUL OUELLETTE and Dr. JEREMY KRELL

In AMONGST THE ALPHAS, Dr. Bak opens the blueprint of the next level with the hope that everyone can be better, bigger, and wiser, but above all, a philosophy of Life that if, well applied, can bring inspiration to life. The Alphas rose in the midst of the COVID war as an International Collaboration to empower individuals to rise from the global crisis. Joining Dr. Bak are some of the world thinkers and achievers, the Alphas. Doctors, business people, thinkers, achievers, and influencers, are coming together to define what is an Alpha and his or her role, making the world a better place. This isn't the American dream, it is the human dream, one that can help you make History. Joining Dr. Bak are 3 Alpha authors, Dr. Maria Kunstadter, Dr. Paul Ouellette and Dr. Jeremy Krell. This book started with questions from coach Jonas Diop. Welcome to the Alphas.

AMONGST THE ALPHAS vol.2 -059
ON THE OTHER SIDE
BY Dr. BAK NGUYEN with Dr. JULIO REYNAFARJE, Dr. LINA DUSEVICIUTE and Dr. DUC-MINH LAM-DO

In AMONGST THE ALPHAS 2, Dr. Bak continues to explore the meaning of what it is to be an Alpha and how to act amongst Alphas, because as the saying taught us: alone one goes fast, together we go far. Some people see the problem. Some people look at the problem, some people created the problem. Some people leverage the problem into solutions and opportunities. Well, all of those people are Alphas. Networking and leveraging one another, their powers and reach are beyond measure. And one will keep the other in line too. Joining Dr. Bak are 3 Alphas from around the world coming together to share and collaborate, Dr. DUSEVICIUTE, Dr. LAM-DO and Dr. REYNAFARJE. This isn't the American dream, it is the human dream, one that can help you make History. Welcome to the Alphas.

AU PAYS DES PAPAS -106
BY Dr. BAK NGUYEN & WILLIAM BAK

On ne nait pas papa. On le devient. Dans sa quête d'être le meilleur papa possible pour William, Dr. Bak monte au pays des papas avec William à la recherche du papa parfait. Comme pour tout dans la vie, il doit exister une recette pour faire des papas parfaits. AU PAYS DES PAPAS est le récit des souvenirs des papas que Dr. Bak a croisé avant, alors et après qu'il soit devenu papa lui aussi. Une histoire drôle et innocente pour un Noël magique, ceci est la nouvelle aventure de William et de son papa, le Dr. Bak. Entre les livres de poulet, LEGENDS OF DESTINY et les des livres parentaux de Dr. Bak, AU PAYS DES PAPAS nous amène dans le monde magique de ces êtres magiques qui forgent des rêves, des vies et des destins.

AU PAYS DES PAPAS 2 -108
BY Dr. BAK NGUYEN & WILLIAM BAK

On ne nait pas papa, ça on le sait après le premier voyage AU PAYS DES PAPAS. Suite à leur première expédition, Dr. Bak et William ont compris qu'il n'y a pas de papas parfaits ni de recette pour faire des papas parfaits. Pourtant, les papas parfaits existent! Dans ce 2e récit AU PAYS DES PAPAS, William revient avec son papa, Dr. Bak, mais cette fois, c'est William qui dirige l'expédition. Même s'il n'existe pas de recette pour faire des papas parfaits, il doit toutefois exister des façons de rendre son papa meilleur, version 2.0! C'est la nouvelle quête de William et du Dr. Bak, à la recherche de la mise-à-jour parfaite pour le meilleur papa 2.0 possible! William est déterminé à tout pour trouver la recette cette fois-ci! AU PAYS DES PAPAS 2 est le nouveau récit des aventures père-fils du Dr. Bak et de William Bak, après AU PAYS DES PAPAS 1, les livres de poulets, LEGENDS OF DESTINY et les BOOKS OF LEGENDS.

B

BOOTCAMP -071
BOOKS TO REWRITE MINDSETS INTO WINNING STATES OF MIND
BY Dr. BAK NGUYEN

In BOOTCAMP 8 BOOKS TO REWRITE MINDSETS INTO WINNING STATES OF MIND, Dr. Bak is taking you into his past, before the visionary entrepreneur, before the world records, before the Industry's disruptor status. Here are 8 of the books that changed Dr. Bak's thinking and, therefore, reset his evolution into the course we now know him for. BOOTCAMP: 8 BOOKS TO REWRITE MINDSETS INTO WINNING STATES OF MIND, is a Bootcamp of 8 weeks for anyone looking to experience Dr. Bak's training to become THE Dr. BAK you came to know and love. This book will summarize how each title changed Dr. Bak's mindset into a state of mind and how he applied that to rewrite his destiny. 8 books to read, that's 8 weeks of Bootcamp to access the power of your MIND and your WILL. Are you ready for a change?

BRANDING -044
BALANCING STRATEGY AND EMOTIONS
BY Dr. BAK NGUYEN

BRANDING is communication to its most powerful state. Branding is not just about communicating anymore but about making a promise, about establishing a relationship, and about generating an emotion. More than once, Dr. Bak proved himself to be a master, communicating and branding his ideas into flags attracting interest and influence, nationally and internationally. In BRANDING, Dr. Bak shares a very unique and personal journey, branding Dr. Bak. How does he go from Dr. Nguyen, a loved and respected dentist to becoming Dr. Bak, a world anchor hosting THE ALPHAS in the medical and financial world? More than a personal journey, BRANDING helps to break down the steps to elevate someone with nothing else but the force of his or her spirit. Welcome to the Alphas.

C

CHANGING THE WORLD FROM A DENTAL CHAIR -007
BY Dr. BAK NGUYEN

Since he has received the EY's nomination for entrepreneur of the year for his startup Mdex & Co, Dr. Bak Nguyen has pushed the opportunity to the next level. Speaker, author, and businessman, Dr. Bak is a true entrepreneur and industries' disruptor. To compensate for the startup's status of Mdex & Co, he challenged himself to write a book based on the EY's questionnaire to share an in-depth vision of his company. With "Changing the World from a dental chair" Dr. Bak is sharing his thought process and philosophy to his approach to the industry. Not looking to revolutionize but rather to empower, he became, despite himself, an industries disruptor: an entrepreneur who has established a new benchmark. Dr. Bak Nguyen is a cosmetic dentist and visionary businessman who won the GRAND HOMAGE prize of "LYS de la Diversité" 2016, for his contribution as a citizen and entrepreneur in the community. He also holds recognitions from the Canadian Parliament and the Canadian Senate. In 2003, he founded Mdex, a dental company upon which in 2018, he launched the most ambitious private endeavour to reform the dental industry, Canada-wide. He wrote seven books covering ENTREPRENEURSHIP, LEADERSHIP, QUEST of IDENTITY, and now, PROFESSION HEALTH. Philosopher, he has close to his heart the quest of happiness of the people surrounding him, patients, and colleagues alike. Those projects have allowed Dr. Nguyen to attract interest from the international and diplomatic community and he is now the centre of a global discussion on the wellbeing and the future of the health profession. It is in that matter that he shares with you his thoughts and encourages the health community to share their own stories.

CHAMPION MINDSET -039
LEARNING TO WIN
BY Dr. BAK NGUYEN & CHRISTOPHE MULUMBA

CHAMPION MINDSET is the encounter of the business world and the professional sports world. Industries' Disruptor Dr. BAK NGUYEN shares his wisdom and views with the HAMMER, CFL Football Star, Edmonton's Eskimos CHRISTOPHE MULUMBA on how to leverage the champion mindset to create successful entrepreneurs. Writing and challenging each other, they discovered

148

the parallels and the difference of both worlds, but mainly, the recipe for leveraging from one to succeed in the other, from champions and entrepreneurs to WINNERS. Build and score your millions, it is a matter of mindset! This is CHAMPION MINDSET.

COMMENT ÉCRIRE UN LIVRE EN 30 JOURS -102
PAR Dr. BAK NGUYEN

Dans COMMENT ÉCRIRE UN LIVRE EN 30 JOURS, après plus de 100 livres écrits en 4 ans, le Dr Bak revisite son premier succès, le livre dans lequel il a partagé son art et sa structure d'écriture de livres. Encore et encore, le Dr Bak a prouvé que non seulement le contenu est important, mais ce sont la structure et le processus qui rendent les livres. L'inspiration n'est que le début. Si vous envisagez d'écrire votre premier livre, ceci est votre chance. Si vous y pensez, faites-le, et aussi vite que possible. Écrire votre premier livre vous libérera de votre passé et vous ouvrira les portes de votre avenir! Tout le monde a une histoire qui mérite d'être partagée! Par où commencer, comment passer le MUR DE L'INSPIRATION, quelles sont les techniques pour apporter de la profondeur à votre histoire, comment structurer votre chapitre, combien de chapitres, comment avoir un livre, en un mois? Voilà les réponses que vous trouverez dans COMMENT ÉCRIRE UN LIVRE EN 30 JOURS. Vous trouverez un trésor de sagesse, un mentor et surtout, une confiance renouvelée pour écrire, que ce soit, votre premier, deuxième ou même 10e livre. Au fait, le Dr. Bak a écrit ce livre et l'a fait publier en 6 jours. Bienvenu(e)s aux Alphas.

COMMENT ÉCRIRE 2 LIVRES EN 10 JOURS -115
Par WILLIAM & Dr. BAK NGUYEN

Dans COMMENT ÉCRIRE 2 LIVRES EN 10 JOURS, William Bak s'attaque au succès de son père, COMMENT ÉCRIRE UN LIVRE EN 30 JOURS. Cette fois-ci, père et fils font équipe pour vous partager l'art d'écrire de la fiction. Comme le titre le mentionne, William doit écrire ce livre et le suivant en 10 jours. Pour ne pas vous induire en erreur, écrire votre premier livre de fiction prendra plus que 10 jours. Cependant, les procédés contenus dans ce livre vous aideront à accélérer votre production et à porter votre créativité à des niveaux inégalés. William a 12 ans et déjà, il a signé 36 livres dont la plupart sont de la fiction. En ce sens, il est un vétéran auteur, un qui a connu les hauts et les bas du manque d'inspiration. Au côté de William, Dr. Bak se prête aussi au jeux de démolir son propre succès et le remplacer par une nouvelle marque. Père et fils, ils vous partagent leurs secrets et expérience à écrire un duo-choque depuis les derniers 4 ans. COMMENT ÉCRIRE 2 LIVRES EN 10 JOURS a commencé par une farce qui est rapidement devenu leur plus grand défi à ce jour, d'écrire 2 livres en 10 jours. Bienvenu(e)s aux Alphas.

COVIDCONOMIE -111
CONTRER L'INFLATION SANS TOUCHER LES TAUX D'INTÉRÊT
PAR Dr. BAK NGUYEN, ANDRÉ CHÂTEALAIN, TRANIE VO, FRANÇOIS DUFOUR, WILLIAM BAK

COVIDCONOMIE est l'ensemble des observations, analyses des phénomènes démographiques et économiques secondaires à la pandémie de la COVID-19. CONTRER L'INFLATION SANS TOUCHER LES TAUX D'INTÉRÊT, est la réflexion et plan macro des ALPHAS pour le CANADA et les ÉTATS-UNIS D'AMÉRIQUE dans un premier temps et un modèle économique pour l'ensemble des pays d'Occident.Joint par des leaders en finance et en économie, dont André Châtelain, ancien premier vice-président du MOUVEMENT DESJARDINS, le Dr. Bak met la table à des discussions inclusives et constructives pouvant changer le cours de l'Histoire dans l'intérêt des citoyens au quotidien.CONTRER L'INFLATION SANS TOUCHER LES TAUX D'INTÉRÊT, est un mémoire collectif des ALPHAS pour lutter contre l'inflation post-pandémique et éviter une récession internationale globale.

COVIDCONOMICS -112
TAMING INFLATION WITHOUT INCREASING INTEREST RATES
BY Dr. BAK NGUYEN, ANDRÉ CHÂTEALAIN, TRANIE VO, FRANÇOIS DUFOUR, WILLIAM BAK

COVIDCONOMICS, are the reflections, analysis and discussion of the ALPHAS, hosted by Dr. Bak to understand the demographic et economical trends post-COVID-19. TAMING INFLATION WITHOUT INCREASING INTEREST RATES is a macro plan by the ALPHAS for Canada and the USA which can inspire a new economical model for all of the Western worlds. Joined by leaders in finance as André Châtelain, former 1st Vice-President of the MOUVEMENT DESJARDINS, Dr. Bak is hosting an inclusive discussion to save our economy in these very troubled times as the country is still looking to get back on its feet from the Pandemic while wars are raging on multiple fronts. TAMING INFLATION WITHOUT INCREASING INTEREST RATES is our proposal to save the economy and our recovery from a global recession.

E

EMPOWERMENT -069

BY Dr. BAK NGUYEN

In EMPOWERMENT, Dr. Bak's 69th book, writing a book every 8 days for 8 weeks in a row to write the next world record of writing 72 books/36 months, Dr. Bak is taking a rest, sharing his inner feelings, inspiration, and motivation. Much more than his dairy, EMPOWERMENT is the key to walking in his footsteps and comprehending the process of an overachiever. Dr. Bak's helped and inspired countless people to find their voice, to live their dream, and to be the better version of themselves. Why is he sharing as much and keep sharing? Why is he going that fast, always further and further, why and how is he keeping his inspiration and momentum? Those are all the answers EMPOWERMENT will deliver to you. This book might be one of the fastest Dr. Bak has written, not because of time constraints but from inspiration, pure inspiration to share and to grow. There is always a dark side to each power, two faces to a coin. Well, this is the less prominent facet of Dr. Bak's Momentum and success, the road to his MINDSET.

F

FORCES OF NATURE -015
FORGING THE CHARACTER OF WINNERS
BY Dr. BAK NGUYEN

In FORCES OF NATURE, Dr. Bak is giving his all. This is his 15 books written within 15 months. It is the end of a marathon to set the next world record. For the occasion, he wanted to end with a big bang! How about a book with all of his biggest challenges? In a Quest of Identity, a journey looking for his name and powers, Dr. Bak is borrowing myths and legends to make this journey universal. Yes, this is Dr. Bak's mythology. Demons, heroes and Gods, there are forces of Nature that we all meet on our way for our name. Some will scare us, some will fight us, and some will manipulate us. We can flee, we can hide, we can fight. What we do will define our next encounter and the one after. A tale of personal growth, a journey to find power and purpose, Dr. Bak is showing us the path to freedom, the Path of Life. Welcome to the Alphas.

H

HORIZON, BUILDING UP THE VISION -045
VOLUME ONE
BY Dr. BAK NGUYEN

Dr. Bak is opening up to your demand! Many of you are following Dr. Bak online and are asking to know more about his lifestyle. This is how he has chosen to respond: sharing his lifestyle as he travelled the world and what he learnt in each city to come to build his Mindset as a driver and a winner. Here are 10 destinations (over 69 that will be followed in the next volumes...) in which he shares his journey. New York, Quebec, Paris, Punta Cana, Monaco, Los Angeles, Nice, and Holguin, the journey happened over twenty years.

HORIZON, ON THE FOOTSTEP OF TITANS -048
VOLUME TWO
BY Dr. BAK NGUYEN

Dr. Bak is opening up to your demand! Many of you are following Dr. Bak online and are asking to know more about his lifestyle. This is how he has chosen to respond: sharing his lifestyle as he travelled the world and what he learnt in each city to come to build his Mindset as a driver and a winner. Here are 9 destinations (over 72 that will follow in the next volumes...) in which he shares his journey. Hong Kong, London, Rome, San Francisco, Anaheim, and more..., the journey happened over twenty years. Dr. Bak is sharing with you his feelings, impressions, and how they shaped his state of mind and character into Dr. Bak. From a dreamer to a driver and a builder, the journey started when he was 3. Wealth is a state of mind, and a state of mind is the basis of the drive. Find out about the mind of an Industry's disruptor.

HORIZON, DREAMING OF THE FUTURE -068
VOLUME THREE
BY Dr. BAK NGUYEN

Dr. Bak is back. From the midst of confinement, he remembers and writes about what life was, when travelling was a natural part of Life. It will come back. Now more than ever, we need to open both our hearts and minds to fight fear and intolerance. Writing from a time of crisis, he is sharing the magic and psychological effect of seeing the world and how it has shaped his mindset. Here are 9 other destinations (over 75) in which he shares his journey. Beijing, Key West, Madrid, Amsterdam, Marrakech and more…, the journey happened over twenty years.

HOW TO TO BOOST YOUR CREATIVITY TO NEW HEIGHTS -088
BY Dr. BAK NGUYEN

In HOW TO BOOST YOUR CREATIVITY TO NEW HEIGHTS, Dr. Bak is sharing his secrets of creativity and insane production pace with the world. Up to lately, Dr. Bak shared his secrets about speed and momentum but never has he opened up about where he gets his inspiration, time and time again. To celebrate his new world record of writing 100 books in 4 years, Dr. Bak is joined by his proteges strategist Jonas Diop, international counsellor Brenda Garcia and prodigy William Bak for the writing of his secrets on creativity. Brenda, Jonas and William all have witnessed Dr. Bak's creativity. This time, they will stand in to ask the right questions to unleash that creative power in ways for others to follow the trail. Part of the MILLION DOLLAR MINDSET series, HOW TO BOOST YOUR CREATIVITY TO NEW HEIGHTS is Dr. Bak's open book to one of his superpowers.

HOW TO NOT FAIL AS A DENTIST -047
BY Dr. BAK NGUYEN

In HOW TO NOT FAIL AS A DENTIST, Dr. Bak is given 20 plus years of experience and knowledge of what it is to be a dentist on the ground. PROFESSIONAL INTELLIGENCE, FINANCIAL INTELLIGENCE and MANAGEMENT INTELLIGENCE are the fields that any dentist will have to master for a chance to succeed and a shot at happiness, practicing dentistry. Where ever you are starting your career as a new graduate or a veteran in the field looking to reach the next level, this is book smart and street smart all into one. This is Million Dollar Mindset applied to dentistry. We won't be making a millionaire out of you from this book, we will be giving you a shot at happiness and success. The million will follow soon enough.

HOW TO WRITE A BOOK IN 30 DAYS -042
BY Dr. BAK NGUYEN

In HOW TO WRITE A BOOK IN 30 DAYS, after more than 100 books written in 4 years, Dr. Bak is revisiting his first hit, the book in which he shared his craft and structure of how to write books. After 100 books, Dr. Bak proved that not only content is important, but what will keep the words coming are the structure and the process. If you are looking into writing your first book, this is your chance. If you are thinking about it, do it, and as fast as possible. Writing your first book will set you free from your past and open the doors to your own future! Everyone has a story worth telling! Where to start, how to get by the INSPIRATIONAL WALL, what are the techniques to bring depth into your storytelling, how to structure your chapter, how many chapters, how to have a book, in a month? These are the answers you will find within HOW TO WRITE A BOOK IN 30 DAYS. You will find a wealth of wisdom from his experience writing your first, second or even 10th book. Dr. Bak is sharing his secrets writing books. By the way, he wrote this book and got it published within 6 days. Welcome to the Alphas.

HOW 2 WRITE 2 BOOKS IN 10 DAYS -114
BY WILLIAM & Dr. BAK NGUYEN

HOW 2 WRITE 2 BOOKS IN 10 DAYS, is William Bak takes on his father's hit, HOW TO WRITE A BOOK IN 30 DAYS. This time, William is covering the art of writing fiction. As mentioned in the title, William is writing this book and the next one within 10 days. Just not to mislead you, writing fiction will take longer, but once you have done all your prep work and research, it can be written as quickly. William is only 12 and already, he has signed 35 books. Most of his books are fiction, so on the matter, he is a veteran author, one with much experience of the ups and downs when it comes to writing books and getting them to the finish line Joining him is Dr. Bak who is sharing his secrets of writing fiction too. What does it take, how different it is from writing non-fictional books and what does it take to inspire and motivate his 12-year-old son to write as much, matching his world record pace? HOW 2 WRITE 2 BOOKS IN 10 DAYS is a joke between 2 world record authors teasing one another as they keep raising the bar higher and higher. Welcome to the Alphas.

HOW TO WRITE A SUCCESSFUL BUSINESS PLAN -049
BY Dr. BAK NGUYEN & ROUBA SAKR

In HOW TO WRITE A SUCCESSFUL BUSINESS PLAN, Dr. Bak is given 20 plus years of experience and knowledge of what it is to be an entrepreneur and more importantly, how to have the investors and banks on your side. Being an entrepreneur is surely not something you learn from school, but there are steps to master so you can communicate your views and vision. That's the only way you will have financing. Writing a business is only not a mandatory stop only for the bankers, but an essential step for every entrepreneur, to know the direction and what's coming next. A business plan is also not set in stone, if there is a truth in business is that nothing will go as planned. Writing down your business plan the first time will prepare you to adapt and overcome the challenges and surprises. For most entrepreneurs, a business is a passion. To most investors and all banks, a business is a system. Your business plan is the map to that system. However unique your ideas and business are, the mapping follows the same steps and pattern.

HUMILITY FOR SUCCESS -051
BALANCING STRATEGY AND EMOTIONS
BY Dr. BAK NGUYEN

HUMILITY FOR SUCCESS is exploring the emotional discomforts and challenges champions, and overachievers put themselves through. Success is never done overnight and on the way, just like the pain and the struggles aren't enough, we are dealing with the doubts, the haters, and those who like to tell us how to live our lives and what to do. At the same time, nothing of worth can be achieved alone. Every legend has a cast of characters, allies, mentors, companions, rivals, and foes. So one needs the key to social behaviour. HUMILITY FOR SUCCESS is exploring the matter and will help you sort out beliefs from values, and peers from friends. Humility is much more about how we see ourselves than how others see us. For any entrepreneur and champion, our daily is to set our mindset right, and to perfect our skills, not to fit in. There is a world where CONFIDENCE grows in synergy with HUMILITY. As you set the right label on the right belief, you will be able to grow and leave the lies and haters far behind. This is HUMILITY FOR SUCCESS.

HYBRID -011
THE MODERN QUEST OF IDENTITY
BY Dr. BAK NGUYEN

I

IDENTITY -004
THE ANTHOLOGY OF QUESTS
BY Dr. BAK NGUYEN

What if John Lennon was still alive and running for president today? What kind of campaign will he be running? IDENTIFY -THE ANTHOLOGY OF QUESTS is about the quest each of us has to undertake, sooner or later, THE QUEST OF IDENTITY. Citizens of the world, aim to be one, the one, one whole, one unity, made of many. That's the anthology of life! Start with your one, find your unity, and your legend will start. We are all small-minded people anyway! We need each other to be one! We need each other to be happy, so we, so you, so I, can be happy. This is the chorus of life. This is our song! Citizens of the world, I salute you! This is the first tome of the IDENTITY QUEST. FORCES OF NATURE (tome 2) will be following in SUMMER 2021. Also under development, Tome 3 - THE CONQUEROR WITHIN will start production soon.

INDUSTRIES DISRUPTORS -006
BY Dr. BAK NGUYEN

INDUSTRIES DISRUPTORS   is a strange title, one that sparkles mixed feelings. A disruptor is someone making a difference, and since we, in general, do not like change, the label is mostly negative. But a disruptor is mostly someone who sees the same problem and challenge from another angle. The disruptor will tackle that angle and come up with something new from something existent. That's evolution! In INDUSTRIES DISRUPTORS, Dr. Bak is joining forces with James Stephan-Usypchuk to share with us what is going on in the minds and shoes of those entrepreneurs disrupting the old habits. Dr. Bak is changing the world from a dental chair, disrupting the dental, and now the book industry. James is a maverick in the Intelligence space, from marketing to Artificial Intelligence. Coming from very different backgrounds and industries, they end up telling very similar stories. If disruptors change the world, well, their story proves that disruptors can be made and forged. Here's the recipe. Here are their stories.

K

KRYPTO -040
TO SAVE THE WORLD
BY Dr. BAK NGUYEN & ILYAS BAKOUCH

L

L'ART DE TRANSFORMER DE LA SOUPE EN MAGIE -103
PAR Dr. BAK NGUYEN

Dans L'ART DE TRANSFORMER DE LA SOUPE EN MAGIE, Dr. Bak remonte aux sources pour connaître la source de son génie et la recette qui a été transféré à son fils, William Bak, auteur et record mondial dès l'âge de 8 ans. Docteur en médecine dentaire, entrepreneur, écrivain record mondial, musicien, Dr. Bak est d'abord et avant tout un fils qui a une maman qui croit en lui. L'ART DE TRANSFORMER DE LA SOUPE EN MAGIE est dédié à la recette du génie, celle qui pousse une mère a mijoté les ingrédients de l'espoir dans un bouillon d'amour, à y ajuster un zeste de bonheur et un brin d'ambition. Dans la lignée des livres parentaux de Dr. Bak, L'ART DE TRANSFORMER DE LA

SOUPE EN MAGIE est dédié à la première femme dans sa vie, celle qui a tracé son destin et celle qui l'a cultivée.

LEADERSHIP -003
PANDORA'S BOX
BY Dr. BAK NGUYEN

LEADERSHIP, PANDORA'S BOX is 21 presidential speeches for a better tomorrow for all of us. It aims to drive HOPE and motivation into each and every one of us. Together we can make the difference, we hold such power. Covering themes from LOYALTY to GENEROSITY, from FREEDOM and INTELLIGENCE to DOUBTS and DEATH, this is not the typical presidential or motivational speeches that we are used to. LEADERSHIP PANDORA'S BOX will surf your emotions first, only to dive with you to touch the core and soul of our meaning: to matter. This is not a Quest of Identity, but the cry to rally as a species, raise our heads toward the future and move forward as a WHOLE. Not a typical Dr. Bak's book, LEADERSHIP, PANDORA'S BOX is a must-read for all of you looking for hope and purpose, all of us, citizens of the world.

LEVERAGE -014
COMMUNICATION INTO SUCCESS
BY Dr. BAK NGUYEN

In LEVERAGE COMMUNICATION TO SUCCESS, Dr. Bak shares his secret and mindsets to elevate an idea into a vision and a vision into an endeavour. Some endeavours will be a project, some others will become companies, and some will grow into a movement. It does not matter, each started with great communication. Communication is a very vast concept, education, sale, sharing, empowering, coaching, preaching, and entertaining. Those are all different kinds of communication. The intent differs, the audiences vary, and the messages are unique but the frame can be templated and mastered. In LEVERAGE COMMUNICATION TO SUCCESS, Dr. Bak is loyal to his core, sharing only what he knows best, what he has done himself. This book is dedicated to communicating successfully in business.

LEGENDS OF DESTINY vol.1 -101
THE PROLOGUES OF DESTINY
BY Dr. BAK NGUYEN & WILLIAM BAK

The war between the forces of death and the legions of life lasted for centuries, ravaging most of the twin planets, Destiny and Earth. The end was so imminent that even the Gods got involved to save Life from eternal doom. Heroes rise and fall from all sides. Some fight for good, others, for evil. Gods, titans, angels, and demons all took sides in the war. Gods fight and kill other gods. Angel fights alongside demons, striking down Gods and Titans, and rival angels. The war lasted for so long that no one even remembers what they were fighting for. Some fight for domination while others, just to survive. The war ravages Destiny, the twin sister of planet Earth to the brink of annihilation. All eyes now turn to Earth. As the balance of the creation itself hands in the balance, a species emerges as holding the balance to victory: mankind. For the future of Humanity, of Gods and men and everything in between, this is the last stand of Destiny, a last chance for life.

LEGENDS OF DESTINY vol.2 -107
THE BOOK OF ELVES
BY Dr. BAK NGUYEN & WILLIAM BAK

Caught between the Orcs invading from the center of Destiny, the Angels raining down and the Demons eating from within, the Elves are turning from their old beliefs and Gods for salvation. For Millennials, Elves turned to Odin and the Forces of Nature for answers and guidance. Since the imminent destruction of their kingdoms and cities, a new God is offering Hope, Kal, the old God of fire. Kal gave them more than Hope, he gave the elves who turned to him for passage to a new world. But more than hope, more than fear, Elves value honour and Destiny. At least their old guards and heroes do. With their world crumbling down, and the rise of the new and younger generations, Elf's society seems to be at the crossroad of evolution. It is convert or die. Or die fighting or die kneeling. The Book of Elves is the story of a civilization facing its fate in the blink of destruction.

M

MASTERMIND, 7 WAYS INTO THE BIG LEAGUE -052
BY Dr. BAK NGUYEN & JONAS DIOP

MASTERMIND, 7 WAYS INTO THE BIG LEAGUE is the result of the encounter between business coach Jonas Diop and Dr. Bak. As a professional podcaster and someone always seeking the truth and ways to leverage success and performance, coach Jonas is putting Dr. Bak to the test, one that should reveal his secret to overachieve month after month, accumulating a new world record every month. Follow those two great minds as they push each other to surpass themselves, each in their own way and own style. MASTERMIND, 7 WAYS INTO THE BIG LEAGUE is more than a roadmap to success, it is a journey and a live testimony as you are turning the pages, one by one.

MIDAS TOUCH -065
POST-COVID DENTISTRY
BY Dr. BAK NGUYEN, Dr. JULIO REYNAFARJE AND Dr. PAUL OUELLETTE

MIDAS TOUCH, is the memoir of what happened in the ALPHAS SUMMIT in the midst of the GREAT PAUSE as great minds throughout the world in the dental field are coming together. As the time of competition is obsolete, the new era of collaboration is blooming. This is the 3rd book of the ALPHAS, after AFTERMATH and RELEVANCY, all written in the midst of confinement. Dr. Julio Reynafarje is bearing this initiative, to share with you the secret of a successful and lasting relationship with your patients, balancing science and psychology, kindness, and professionalism. He personally invited the ALPHAS to join as co-author, Dr. Paul Ouellette, Dr. Paul Dominique, and Dr. Bak. Together, they have more than 100 years of combined experience, wisdom, trade, skills, philosophy, and secrets to share with you to empower you in the rebuilding of the dental profession in the aftermath of COVID. RELEVANCY was about coming together and rebuilding the future. MIDAS TOUCH is about how to build, one treatment plan at a time, one story at a time, one smile at a time.

MINDSET ARMORY -050
BY Dr. BAK NGUYEN

MINDSET ARMORY is Dr. Bak's 49th book, days after he completed his world record of writing 48 books within 24 months, on top of being the CEO of Mdex & Co and a full-time cosmetic dentist. Dr. Bak is undoubtedly an OVERACHIEVER. In his last books, he has shared more and more of his lifestyle and how it forged his winning mindset. Within MINDSET ARMORY, Dr. Bak is sharing with us his tools, how he found them, forged them, and leverage them. Just like any warrior needs a shield, a sword, and a ride, here are Dr. Bak's. For any entrepreneur, the road to success is a long and winding journey. On the way, some will find allies and foes. Some allies will become foes, and some foes might become allies. In today's competitive world, the only constant is change. With the right tool, it is possible to achieve. The right tool, the right mindset. This is MINDSET ARMORY.

MIRROR -085
BY Dr. BAK NGUYEN

MIRROR is the theme for a personal book. Not only to Dr. Bak but to all of us looking to reach beyond who and what we actually are. MIRROR is special in the fact that it is not only the content of the book that is of worth but the process in which Dr. Bak shared his own evolution. To go beyond who we are, one must grow every day. And how do you compare your growth and how far have you reached? Looking in the mirror. In all of Dr. Bak's writing, looking at the past is a trap to avoid at all costs. Looking in the mirror, is that any better? Share Dr. Bak's way to push and keep pushing himself without friction or resistance. Please read that again. To evolve without friction or resistance... that is the source of infinite growth and the unification of the Quest for Power and the Quest of Happiness.

MOMENTUM TRANSFER -009
BY Dr. BAK NGUYEN & Coach DINO MASSON

How to be successful in your business and life? Achieve Your Biggest Goals With MOMENTUM TRANSFER. START THE BUSINESS YOU WANT - AND BRING IT NEXT LEVEL! GET THE LIFE YOU ALWAYS WANTED - AND IMPROVE IT! TAKE ANY PROJECTS YOU HAVE - AND MAKE THEM THE BEST! In this powerful book, you'll discover what a small business owner learnt from a millionaire and successful entrepreneur. He applied his mentor's principles and is explaining them in full detail in this book. The small business owner wrote the book he has always wanted to read and went from the verge of bankruptcy to quadrupling his revenues in less than 9 months and improve his personal life by increasing his energy and bringing back peacefulness. Together, the millionaire and the small business owner are sharing their most valuable business and life lessons with the world. The most powerful book to increase your momentum in your business and your life introduces simple and radical life-changing concepts: Multiply your business revenues by finding the Eye of your Momentum - Increase your energy by building and feeding your own Momentum - How to increase your confidence with these simple steps - How to transfer your new powerful energy into other aspects of your business and life - How to set goals and achieve them (even crush them!)- How to always tap into an effortless and limitless force within you- And much, much more!

P

PLAYBOOK INTRODUCTION -055
BY Dr. BAK NGUYEN

In PLAYBOOK INTRODUCTION, Dr. Bak is open the door to all the newcomers and aspirant entrepreneurs who are looking at where and when to start. Based on questions of two college students wanting to know how to start their entrepreneurial journey, Dr. Bak dives into his experiences to empower the next generation, not about what they should do, but how he, Dr. Bak, would have done it today. This is an important aspect to recognize in the business world, the world has changed since the INFORMATION AGE and the advent of the millenniums into the market. Most matrix and know-how have to be adapted to today's speed and accessibility to the information. We are living at the INFORMATION AGE, this book is the precursor to the ABUNDANCE AGE, at least to those open to embracing the opportunity.

PLAYBOOK INTRODUCTION 2 -056
BY Dr. BAK NGUYEN

In PLAYBOOK INTRODUCTION 2, Dr. Bak continues the journey to welcome the newcomers and aspirant entrepreneurs looking at where and when to start. If the first volume covers the mindset, the second is covering much more in-depth the concept of debt and leverage. This is an important aspect to recognize in the business world, the world has changed since the INFORMATION AGE and the advent of the millenniums into the market. Most matrix and know-how have to be adapted to today's speed and accessibility to the information. We are living at the INFORMATION AGE, this book is the precursor to the ABUNDANCE AGE, at least to those open to embrace the opportunity.

POWER -043
EMOTIONAL INTELLIGENCE
BY Dr. BAK NGUYEN

IN POWER, EMOTIONAL INTELLIGENCE, Dr. Bak is sharing his experiences and secrets leveraging on his EMOTIONAL INTELLIGENCE, a power we all have within. From SYMPATHY, having others opening up to you, to ACTIVE LISTENING, saving you time and energy; from EMPATHY, allowing you to predict the future to INFLUENCE, enabling you to draft the future, not to forget the power of the crowd with MOMENTUM, you are now in possession of power in tune with nature, yourself. It is a unique take on the subject to empower you to find your powers and your destiny. Visionary businessman, and doctor in dentistry, Dr. Bak describes himself as a Dentist by circumstances, a communicator by passion, and an entrepreneur by nature.

POWERPLAY -078
HOW TO BUILD THE PERFECT TEAM
BY Dr. BAK NGUYEN

In POWERPLAY, HOW TO BUILD THE PERFECT TEAM, Dr. Bak is sharing with you his experience, perspective, and mistake travelling the journey of the entrepreneur. A serial entrepreneur himself, he started venture only with a single partner as a team to build companies with a director of human resources and a board of directors. POWERPLAY is not a story, it is the HOW TO build the perfect team, knowing that perfection is a lie. So how can one build a team that will empower his or her vision? How to recruit, how to train, how to retain? Those are all legitimate questions. And all of those won't matter if the first question isn't answered: what is the reason for the team? There is the old way to hire and the new way to recruit. Yes, Human Resources is all about mindset too! This journey is one of introspection, of leadership, and a cheat sheet to build, not only the perfect team but the team that will empower your legacy to the next level.

PROFESSION HEALTH - TOME ONE -005
THE UNCONVENTIONAL QUEST OF HAPPINESS
BY Dr. BAK NGUYEN, Dr. MIRJANA SINDOLIC, Dr. ROBERT DURAND AND COLLABORATORS

Why are health professionals burning out while they give the best of themselves to heal the world? Dr. Bak aims to break the curse of isolation that health professionals face and establish a conversation to start the healing process. PROFESSION HEALTH is the basis of an ongoing discussion and will also serve as an introduction to a study led by Professor Robert Durand, DMD, MSc Science from the University of Montreal, a study co-financed by Mdex and the Federal Government of Canada. Co-writers are Dr. Mirjana Sindolic, Professor Robert Durand, Dr. Jean De Serres, MD and former President of Hema Quebec, Counsel-Minister Luis Maria Kalaff Sanchez, Dr. Miguel Angel Russo, MD, Banker Anthony Siggia, Banker Kyles Yves, and more... This is the first Tome of three, dedicated to helping "WHITE COATS" to heal and to find their happiness.

R

REBOOT -012
MIDLIFE CRISIS
BY Dr. BAK NGUYEN

MidLife Crisis is a common theme for each of us as we reach the threshold. As a man, as a woman, why is it that half of the marriages end up in recall? If anything else would have half those rates of failure, the lawsuits would be raining. Where are the flaws, the traps? Love is strong and pure, why is marriage not the reflection of that? Those are all hard questions to ask with little or no answers. Dr. Bak is sharing his reflections and findings as he reached himself the WALL OF MARRIAGE. This is a matter that affects all of our lives. It is time for some answers.

RELEVANCY - TOME TWO -064
REINVENTING OURSELVES TO SURVIVE
BY Dr. BAK NGUYEN & Dr. PAUL OUELLETTE AND COLLABORATORS

THE GREAT PAUSE was a reboot of all the systems of society. Many outdated systems will not make it back. The Dental Industry is a needed one, it has laid on complacency for far too long. In an age where expertise is global and democratized and can be replaced with technologies and artificial intelligence, the REBOOT will force, not just an update, but an operating system replacement and a firmware upgrade. First, they saved their industry with THE ALPHAS INITIATIVE, sharing their knowledge and vision freely to all the world's dental industry. With the OUELLETTE INITIATIVE, they bought some time for all the dental clinics to resume and adjust. The warning has been given, the clock is now ticking. who will prevail and prosper and who will be left behind, outdated and obsolete?

RISING -062
TO WIN MORE THAN YOU ARE AFRAID TO LOSE
BY Dr. BAK NGUYEN

In RISING, TO WIN MORE TAN YOU ARE AFRAID TO LOSE, Dr. Bak is breaking down the strategy to success to all, not only those wearing white coats and scrubs.   More than his previous book (SUCCESS IS A CHOICE), this one is covering most of the aspects of getting to the next level, psychologically, socially, and financially. Rising is broken down into three key strategies: Financial Leverage - Compressing time - Always being in control. Presented by MILLION DOLLAR MINDSET, the book is covering more than the ways to create wealth, but also how to reach happiness and live a life without regrets. Dr. Bak the CEO and founder of Mdex & Co, a company with the promise of reforming the whole dental industry for the better. He wrote more than 60 books within 30 months as he is sharing his experiences, secrets, and wisdom.

S

SELFMADE -036
GRATITUDE AND HUMILITY
BY Dr. BAK NGUYEN

This is the story of Dr. Bak, an artist who became a dentist, a dentist who became an Entrepreneur, an Entrepreneur who is seeking to save an entire industry. In his free time, Dr. Bak managed to write 37 books and is a contender for 3 world records to be confirmed. Businessman and visionary, his views and philosophy are ahead of our time. This is his 37th book. In SELFMADE, Dr. Bak is answering the questions most entrepreneurs want to know, the HOWTO and the secret recipes, not just to succeed, but to keep going no matter what! SELFMADE is the perfect read for any entrepreneurs, novices, and veterans.

SHORTCUT vol. 1 - HEALING -093
BY Dr. BAK NGUYEN

In SHORTCUT 408 HEALING QUOTES, Dr. Bak revisits and compiles his journey of healing and growing. Just like anyone, he was moulded and shaped by Conformity and Society to the point of blending and melting. Walking his journey of healing, he rediscovers himself and found his true calling. And once whole with himself and with the Universe, Dr. Bak found his powers. In SHORTCUT 408 HEALING QUOTES, you have a quick and easy way to surf his mindsets and what allowed him to heal, to find back his voice and wings, and to walk his destiny. You too are walking your Quest of Identity. That one is mainly a journey of healing. May you find yours and your powers.

SHORTCUT vol. 2 - GROWING -094
BY Dr. BAK NGUYEN

In SHORTCUT 408 GROWTH QUOTES, Dr. Bak is compiling his library of books about personal growth and self-improvement. More than a motivational book, more than a compilation of knowledge, Dr. Bak is sharing the mindsets upon which he found his power to achieve and to overachieve. We all have our powers, only they were muted and forgotten as we were forged by Conformity and Society. After the healing process, walking your Quest of Identity, the Quest for your growth and God-given power is next to lead you to walk your Destiny.

SHORTCUT vol. 3 - LEADERSHIP -095
BY Dr. BAK NGUYEN

In SHORTCUT 365 LEADERSHIP QUOTES, Dr. Bak is compiling his library of books about leadership and ambition. Yes, the ambition is to find your worth and to make the world a better place for all of us. If the 3rd volume of SHORTCUT is mainly a motivational compilation, it also holds the secrets and mindsets to influence and leadership. If you were looking to walk your legend and impact the world, you are walking a lonely path. You might on your own, but it does not have to be harder than it is. As we all have your unique challenges, the key to victory is often found in the same place, your heart. And here are 365 shortcuts to keep you believing and to attract more people to you as you are growing into a true leader.

SHORTCUT vol. 4 - CONFIDENCE -096
BY Dr. BAK NGUYEN

SHORTCUT 518 CONFIDENCE QUOTES, is the most voluminous compilation of Dr. Bak's quotes. To heal was the first step. To grow and find your powers came next. As you are walking your personal legend, Confidence is both your sword and armour to conquer your Destiny and overcome all of the challenges on your way. In SHORTCUT volume four, Dr. Bak comprises all his mindsets and wisdom to ease your ascension. Confidence is not something one is simply born with, but something to nurture, grow, and master. Some will have the chance to be raised by people empowering Confidence, others will have to heal from Conformity to grow their confidence. It does not matter, only once Confident, can one stand tall and see clearly the horizon.

SHORTCUT vol. 5- SUCCESS -097
BY Dr. BAK NGUYEN

Success is not a destination but a journey and a side effect. While no map can lead you to success, the right mindset will forge your own success, the one without medals nor labels. If you are looking to walk your legend, to be successful is merely the beginning. Actually, being successful is often a side effect of the mindsets and actions that you took, you provoked. In SHORTCUT 317 SUCCESS QUOTES, Dr. Bak is revisiting his journey, breaking down what led him to be successful despite the odds stacked against him. As success is the consequence of mindsets, choices, and actions, it can be duplicated over and over again, one just needs to master the mindsets first.

SHORTCUT vol. 6- POWER -098
BY Dr. BAK NGUYEN

That's the kind of power that you will discover within this journey. Power is a tool, a leverage. Well used, it will lead to great achievements. Misused, it will be your downfall. If a sword sometimes has 2 edges, Power is a sword with no handle and multiple edges. You have been warned. In SHORTCUT 376 POWER QUOTES, Dr. Bak is compiling all the powers he*found and mastered walking his own legend. If the first power was Confidence, very quickly, Dr. Bak realized that Confidence was the key to many, many more powers. Where to find them, how to yield them, and how to leverage these powers is the essence of the 6th volume of SHORTCUT.

SHORTCUT vol. 7- HAPPINESS -099
BY Dr. BAK NGUYEN

We were all born happy and then, somehow, we lost our ways and forgot our ways home. Is this the real tragedy behind the lost paradise myth? If we were happy once, we can trust our hearts to find our way home, once more. This is the journey of the 7th volume of the SHORTCUT series. In SHORTCUT 306 HAPPINESS QUOTES, Dr. Bak is revisiting and compiling all the secrets and mindsets leading to happiness. Happiness is not just a destination but a shrine for Confidence and a safe place to regroup, to heal, to grow. We each have our own happiness. What you will learn here is where to find yours and, more importantly, how to leverage you to ease the journey ahead, because happiness is not your final destination. It can be the key to your legend.

SHORTCUT vol. 8- DOCTORS -100
BY Dr. BAK NGUYEN

If healing was the first step to your destiny and powers, there is a science to healing. Those with that science are doctors, the healers of the world. In India, healers are second only to the Gods! In SHORTCUT 170 DOCTOR QUOTES, Dr. Bak is dedicating the 8th volume of the series to his peers, doctors, from all around the world. Doctors too, have to walk their Quest of Identity, to heal from their pain and to walk their legend. Doctors need to heal and rejuvenate to keep healing the world. If healing is their science, in SHORTCUT, they will access the power of leveraging.

SUCCESS IS A CHOICE -060
BLUEPRINTS FOR HEALTH PROFESSIONALS
BY Dr. BAK NGUYEN

In SUCCESS IS A CHOICE, FINANCIAL MILLIONAIRE BLUEPRINTS FOR HEALTH PROFESSIONALS, Dr. Bak is breaking down the strategy to success for all those wearing white coats and scrubs: doctors, dentists, pharmacists, chiropractors, nurses, etc. Success is broken down into three key strategies: Financial Leverage - Compressing time - Always being in control. Presented by MILLION DOLLAR MINDSET, the book is covering more than the ways to create wealth, but also how to reach happiness and live a life without regrets. Dr. Bak is a successful cosmetic dentist with nearly 20 years of experience. He founded Mdex & Co, a company with the promise of reforming the whole dental industry for the better. While doing so, he discovered a passion for writing and for sharing. Multiple times World Record, Dr. Bak is writing a book every 2 weeks for the last 30 months. This is his 60th book, and he is still practicing. How he does it, is what he is sharing with us, SUCCESS, HAPPINESS, and mostly FREEDOM to all Health Professionals.

SYMPHONY OF SKILLS -001
BY Dr. BAK NGUYEN

You will enlighten the world with your potential. I can't wait to see all the differences that you will have in our world. Remember that power comes with responsibility. We can feel in his presence, a genuine force, a depth of energy, confidence, innocence, courage, and intelligence. Bak is always looking for answers, morning and night, he wants to understand the why and the why not. This book is the essence of the man. Dr. Bak is a force of nature who bears proudly his title eHappy. The man never ceases smiling and spreading his good vibe wherever he passes. He is not trapped in the nostalgia of the past nor the satisfaction of the present, he embodies the joy of what's possible, and what's to come. The more we read, the more we share, and we live. That is Bak, he charms us to evolve and to share his points of view, and before we know it, we are walking by his side, a journey we never saw coming.

T

THE 90 DAYS CHALLENGE -061
BY Dr. BAK NGUYEN

THE 90 DAYS CHALLENGE, is Dr. Bak's journey into the unknown. Overachiever writing 2 books a month on average, for the last 30 months, ambitious CEO, Industries' Disruptor, Dr. Bak seems to have success in everything he touches. Everything except the control of his weight. For nearly 20 years, he struggles with an overweight problem. Every time he scored big, he added on a little more weight. Well, this time, he exposes himself out there, in real-time and without filter, accepting the challenge of his brother-in-law, DON VO to lose 45 pounds within 90 days. That's half a pound a day, for three months. He will have to do so while keeping all of his other challenges on track, writing books at a world record pace, leading the dental industry into the new ERA, and keep seeing his patients. Undoubtedly entertaining, this is the journey of an ALPHA who simply won't give up. But this time, nothing is sure.

THE BOOK OF LEGENDS -024
BY Dr. BAK NGUYEN & WILLIAM BAK

The Book of Legends vol. 1 is the story behind the world record of Dr. Bak and his son, William Bak. All Dr. Bak had in mind was to keep his promise of writing a book with his son. They ended up writing 8 children's books within a month, scoring a new world record. William is also the youngest author having published in two languages. Those are world records waiting to be confirmed. History will say: to celebrate a first world record (writing 15 books / 15 months), for the love of his son, he will have scored a second world record: to write 8 books within a month! THE BOOK OF LEGENDS vol. 1 This is both a magical journey for both a father and a son looking to connect and find themselves. Join Dr. Bak and William Bak in their journey and their love for Life!

THE BOOK OF LEGENDS 2 -041
BY Dr. BAK NGUYEN & WILLIAM BAK

THE BOOK OF LEGENDS vol. 2 is the sequel of "CINDERELLA" but a true story between a father and his son. Together they have discovered a bond and a way to connect. The first BOOK OF LEGENDS covered the time of the first four books they wrote together within a month. The second BOOK OF LEGENDS is covering what happened after the curtains dropped, and what happened after reality kicked back in. If the first volume was about a fairy tale in vacation time, the second volume is about making it last in real Life. Share their journey and their love of Life!

THE BOOK OF LEGENDS 3 -086
THE END OF THE INNOCENCE AGE
BY Dr. BAK NGUYEN & WILLIAM BAK

THE BOOK OF LEGENDS 3 is a long work extending to almost 3 years. If the shocking duo known as Dr. Bak and prodigy William Bak has marked the imaginary writing world record upon world record, the story is not all pink. After the franchise of the CHICKEN BOOKS, William, now in his pre-teen years, wants to move away from the chicken tales. After 22 chicken books, a break is well deserved. that said, what is next? Both father and son thought that if they could do it once easily, they could do it again! They couldn't be any further from the truth. For 2 years, they were stuck in the quest for their next franchise of books. THE BOOK OF LEGENDS 3 started right around the end of the chicken franchise and would have ended with a failure if the book was to be released on time, the holiday season of that year. It took the duo another year to complete their story to add the last chapters of this book, hoping to end with a happy ending. Unfortunately, not all story ends the way we wish… this is the dark tome of the series, where the imagination got eclipsed. Follow William and Dr. Bak in their fight to keep the magic and connection alive.

THE CONFESSION OF A LAZY OVERACHIEVER -089
REINVENT YOURSELF FROM ANY CRISIS
BY Dr. BAK NGUYEN

In THE CONFESSION OF A LAZY OVERACHIEVER, Dr. Bak is opening up to his new marketing officer, Jamie, fresh out of school. She is young, full of energy, and looking to chill and still have it all. True to his character, Dr. Bak is giving Jamie some leeway to redefine Dr. Bak's brand to her demographic, the Millennials. This journey is about Dr. Bak satisfying the Millennials and answering their true questions in life. A rebel himself, his ambition to change the world started back on campus, some 25 years ago… then, life caught up with him. It took Dr. Bak 20 years to shake down the burdens of life, spread his wings free from Conformity, and start Overachieving. Doctor, CEO, and world record author, here is what Dr. Bak would have loved to know 25 years ago as was still on campus. In a word, this is cheating your way to success and freedom. And yes, it is possible. Success, Money, and Freedom, they all start with a mindset and the awareness of Time. Welcome to the Alphas.

THE ENERGY FORMULA -053
BY Dr. BAK NGUYEN

THE ENERGY FORMULA is a book dedicated to helping each individual to find the means to reach their purpose and goal in Life. Dr. Bak is a philosopher, a strategist, a business, an artist, and a dentist, how does he do all of that? He is doing so while mentoring proteges and leading the modernization of an entire industry. Until now, Momentum and Speed were the powers that he was building on and from. But those powers come from somewhere too. From a guide of our Quest of Identity, he became an ally in everyone's journey for happiness. THE ENERGY FORMULA is the book revealing step by step, the logic of building the right mindset and the way to ABUNDANCE and HAPPINESS, universally. It is not just a HOW TO book, but one that will change your life and guide you to the path of ABUNDANCE.

THE MODERN WOMAN -070
TO HAVE IT HAVE WITH NO SACRIFICE
BY Dr. BAK NGUYEN & Dr. EMILY LETRAN

In THE MODERN WOMAN: TO HAVE IT ALL WITH NO SACRIFICE, Dr. Bak joins forces with Dr. Emily Letran to empower all women to fulfill their desires, goals, and ambition. Both overachievers going against the odds, they are sharing their experience and wisdom to help all women to find confidence and support to redefine their lives. Dr. Emily Letran is a doctor in dentistry, an entrepreneur, author, and CERTIFIED HIGH-PERFORMANCE coach. For an Asian woman, she made it through the norms and the red tapes to find her voice. As she learnt and grew with mentors, today she is sharing her secret with the energy that will motivate all of the female genders to stand for what they deserve. Alpha doctor, Bak is joining his voice and perspective since this is not about gender equality, but about personal empowerment and the quest of Identity of each, man and woman. Once more, Dr. Bak is bringing LEVERAGE and REASON to the new social deal between man and woman. This is not about gender, but about confidence.

THE POWER BEHIND THE ALPHA -008
BY TRANIE VO & Dr. BAK NGUYEN

It's been said by a "great man" that "We are born alone and we die alone." Both men and women proudly repeat those words as wisdom since. I apologize in advance, but what a fat LIE! That's what I learnt and discovered in life since my mind and heart got liberated from the burden of scars and the ladders of society. I can have it all, not all at the same time, but I can have everything I put my mind and heart into. Actually, it is not completely true. I can have most of what I and Tranie put our minds into. Together, when we feel like one, there isn't much out of our reach. If I'm the mind, she's the heart; if I'm the Will, she's the means. Synergy is the core of our power. Tranie's aim is always Happiness. In Tranie's definition of life, there are no justifications, no excuses, no tomorrow. For Tranie, Happiness is measured by the minutes of every single day. This is why she's so strong and can heal people around her. That may also be why she doesn't need to talk much, since talking about the past or the future is, in her mind, dimming down the magic of the present, the Now. We both respect and appreciate that we are the whole balancing each other's equation of life, of love, of success. I was the plus and the minus, then I became the multiplication factor and grew into the exponential. And how is Tranie evolving in all of this? She is and always will be the balance. If anything, she is the equal sign of each equation.

THE POWER OF Dr. -066
THE MODERN TITLE OF NOBILITY
BY Dr. BAK NGUYEN, Dr. PAVEL KRASTEV AND COLLABORATORS

In THE POWER OF Dr., independent thinkers mean to exchange ideas. An idea can be very powerful if supported by a great work ethic. Work ethic, isn't that the main fabric of our white coats, scrubs, and title? In an era post-COVID where everything has been rebooted and that's the healthcare industry is facing its own fate: to evolve or to be replaced, Dr. Bak and Dr. Pavel reveal the source of their power and their playbook to move forward, ahead. The power we all hold is our resilience and discipline. We put that for years at the service of our profession, from a surgical perspective. Now, we can harness that same power to rewrite the rules, the industry, and our future. Post-COVID, the rules are being rewritten, will you be part of the team or left behind? "You can be in control!" More than personal growth and a motivational book, THE POWER OF Dr. is an awakening call to the doctor you look at when you graduate, with hope, with honour, with determination.

THE POWER OF YES -010
VOLUME ONE: IMPACT
BY Dr. BAK NGUYEN

In THE POWER OF YES, Dr. Bak is sharing his journey, opening up and embracing the world, one day at a time, one task at a time, one wish at a time. Far from a dare, saying YES allowed Dr. Bak to rewrite his mindset and break all the boundaries. This book is not one written in a few days or weeks, but the accumulation of a journey for 12 months. The journey started as Dr. Bak said YES to his producer to go on stage and speak... That YES opened a world of possibilities. Dr. Bak embraced each and every one of them. 12 months later, he is celebrating the new world record of writing 9 books written over a period of 12 months. To him, it will be a miss, missing the 12 on 12 mark. To the rest of the world, they just saw the birth of a force of nature, the Alpha force. THE

POWER OF YES is comprised of all the introductions of the adult books written by Dr. Bak within the first 12 months. Chapter by chapter, you can walk in his footstep seeing and smelling what he has. This is reality-literature with a twist of POWER. THE POWER OF YES! Discover your potential and your power. This is the POWER OF YES, volume one. Welcome to the Alphas.

THE POWER OF YES 2 -037
VOLUME TWO: SHAPELESS
BY Dr. BAK NGUYEN

In THE POWER OF YES, volume 2, Dr. Bak is continuing his journey, discovering his powers and influence. After 12 months of embracing the world by saying YES, he rose as an emerging force: he's been recognized as an INDUSTRIES DISRUPTOR, got nominated ERNST AND YOUNG ENTREPRENEUR OF THE YEAR, wrote 9 books within 12 months while launching the most ambitious private endeavour to reform his own industry, the dental field. Contender too many WORLD RECORDS, Dr. Bak is doing all of that in parallel. And yes, he is sleeping his nights and yes, he is writing his book himself, from the screen of his iPhone! Far from satisfied, Dr. Bak missed the mark of writing 12 books within 12 months. While everything is taking shape, everything could also crumble down at each turn. Now that Dr. Bak understands his powers, he is looking to test them and push them to their limits, looking to keep scoring world records while materializing his vision and enterprises. This is the awakening of a Force of Nature looking to change the world for the better while having fun sharing. Welcome to the Alphas.

THE POWER OF YES 3 -046
VOLUME THREE: LIMITLESS
BY Dr. BAK NGUYEN

In THE POWER OF YES, volume 3, the journey of Dr. Bak continues where the last volume left, in front of 300 plus people showing up to his first solo event, a Dr. Bak's event. On stage and in this book, Dr. Bak reveals how 12 months of saying YES to everything changed his life... actually, it was 18 months. From a dentist looking to change the world from a dental chair into a multiple times world record author, the journey of openness is a rendezvous with Fate. Dr. Bak is sharing almost in real-time his journey, and experiences, but above all, his feelings, doubts, and comebacks. From one book to the next, from one journey to the next, follow the adventure of a man looking to find his name, his worth, and his place in the world. Doing so, he is touching people Doing so, he is touching people and initiating their rise. Are you ready for more? Are you ready to meet your Fate and Destiny? Welcome to the Alphas.

THE POWER OF YES 4 -087
VOLUME FOUR: PURPOSE
BY Dr. BAK NGUYEN

In THE POWER OF YES, volume 4, the journey continues days after where the last volume left. After setting the new world record of writing 48 books within 24 months, Dr. Bak is not ready to stop. As volume one covers 12 months of journey, volume 2 covers 6 months. Well, volume 3 covers 4 months. The speed is building up and increasing, steadily. This is volume 4, RISING, after breaking the sound barrier. Dr. Bak has reached a state where he is above most resistance and friction, he is now in a universe of his own, discovering his powers as he walks his journeys. This is no fiction story or wishful thinking, THE POWER OF YES is the journey of Dr. Bak, from one world record to the next, from one book to the next. You too can walk your own legend, you just need to listen to your innersole and open up to the opportunity. May you get inspiration from the legendary journey of Dr. Bak and find your own Destiny. Welcome to the Alphas.

THE RISE OF THE UNICORN -038
BY Dr. BAK NGUYEN & Dr. JEAN DE SERRES

In THE RISE OF THE UNICORN, Dr. Bak is joining forces with his friend and mentor, Dr. Jean De Serres. Together both men had many achievements in their respective industries, but the advent of eHappyPedia, THE RISE OF THE UNICORN is a personal project dear to both of them: the QUEST OF HAPPINESS and its empowerment. This book is a special one since you are witnessing the conversation between two entrepreneurs looking to change the world by building unique tools and media. Just like any enterprise, the ride is never a smooth one in the park on a beautiful day. But this is about eHappyPedia, it is about happiness, right? So it will happen and with a smile attached to it! The unique value of this book is that you are sharing the ups and downs of the launch of a Unicorn, not just the glory of the fame, but also the doubts and challenges along the way. May it inspire you on your own journey to success and happiness.

THE RISE OF THE UNICORN 2 -076
eHappyPedia
BY Dr. BAK NGUYEN & Dr. JEAN DE SERRES

This is 2 years after starting the first tome. Dr. Bak's brand is picking up, between the accumulation of records and recognition. eHappyPedia is now hot for a comeback. In THE RISE OF THE UNICORN 2, Dr. Bak is retracing and addressing each of Dr. Jean De Serres' concerns about the weakness of the first version of eHappyPedia and the eHappy movement. This is the sort of creation and a UNICORN both in finance and in psychology. Never before, have you assisted in such a daily and decision-making process of a world phenomenon and of a company. Dr. Bak and Dr. De Serres are literally using the process of writing this series of books to plan and brainstorm the birth of a bluechip. More than an intriguing story, this is the journey of 2 experienced entrepreneurs changing the world.

THE U.A.X STORY -072
THE ULTIMATE AUDIO EXPERIENCE
BY Dr. BAK NGUYEN

This is the story of the ULTIMATE AUDIO EXPERIENCE, U.A.X. Follow Dr. Bak's footsteps in how he invented a new way to read and learn. Dr. Bak brings his experience as a movie producer and a director to elevate the reading experience to another level with entertaining value and make it accessible to everyone, auditive, and visual people alike.

After three years plus of research and development, and countless hours of trials and errors, Dr. Bak finally solved his puzzle: having written more than 1.1 million words. The irony is that he does not like to read, he likes audiobooks! U.A.X. finally allowed the opening of Dr. Bak's entire library to a new genre and media. U.A.X. is the new way to learn and enjoy Audiobooks. Made to be entertaining while keeping the self-educational value of a book, U.A.X. will appeal to both auditive and visual people. U.A.X. is the blockbuster of Audiobooks. The format has already been approved by iTunes, Amazon, Spotify, and all major platforms for global distribution and streaming.

THE VACCINE -077
BY Dr. BAK NGUYEN & WILLIAM BAK

In THE VACCINE, A TALE OF SPIES AND ALIENS, Dr. Bak reprises his role as mentor to William, his 10-year-old son, both as co-author and as doctor. William is living through the COVID war and has accumulated many, many questions. That morning, they got out all at once. From a conversation between father and son, Dr. Bak is making science into words keeping the interest of his son on a Saturday morning in bed. William is not just an audience, he is responsible to map the field with his questions. What started as a morning conversation between father and son, became within the next hour, a great project, their 23rd book together. Learn about the virus, and vaccination while entertaining your kids.

TIMING - TIME MANAGEMENT ON STEROIDS -074
BY Dr. BAK NGUYEN & WILLIAM BAK

In TIMING, TIME MANAGEMENT ON STEROIDS, Dr. Bak is sharing his secret to keep overachieving, and overdelivering while raising the bar higher and higher. We all have 24 hours in a day, so how can some do so much more than others? Dr. Bak is not only sharing his secrets and mindset about time and efficiency, he is literally living his own words as this book is written within his last sprint

176

to set the next world record of writing 100 books within 4 years, with only 31 days to go. With 8 books to write in 31 days, that's a little less than 4 days per book! Share the journey of a man surfing the change and looking to see where is the limit of the human mind, writing. In the meantime, understand his leverage, mindset, and secrets to challenge your own limits and dreams.

TO OVERACHIEVE EVERYTHING BEING LAZY -090
CHEAT YOUR WAY TO SUCCESS
BY Dr. BAK NGUYEN

In TO OVERACHIEVE EVERYTHING BEING LAZY, Dr. Bak retakes his role talking to the millennials, the next generation. If in the first tome of the series LAZY, Dr. Bak addresses the general audience of millennials, especially young women, he is dedicating this tome to the ALPHA amongst the millennials, those aiming for the moon and looking, not only to be happy but to change the world. This is not another take on how to cheat your way to success or how to leverage laziness, but this is the recipe to build overachievers and rainmakers. For the young leaders with ambitions and talent, understanding TIME and ENERGY are crucial from your first steps in writing your our legend. If Dr. Bak had the chance to do it all over again, this is how he would do it! Welcome to the Alphas.

TORNADO -067
FORCE OF CHANGE
BY Dr. BAK NGUYEN

In TORNADO - FORCE OF CHANGE Dr. Bak is writing solo. In the midst of the COVID war, change is not a good intention anymore. Change, constant change has become a new reality, a new norm. From somebody who holds the title of Industries' Disruptor, how does he yield change to stay in control? Well, the changes from the COVID war are constant fear and much loss of individual liberty. Some can endure the change, some will ride it. Dr. Bak is sharing his angle of navigating the changes, yielding the improvisations, and to reinvent the goals, the means to stay relevant. From fighting to keep his companies Dr. Bak went on to let go of the uncontrollable to embrace the opportunity, he reinvented himself to ride the change and create opportunities from an unprecedented crisis. This is the story of a man refusing to kneel and accept defeat, smiling back at faith to find leverage and hope.

TOUCHSTONE -073
LEVERAGING TODAY'S PSYCHOLOGICAL SMOG
BY Dr. BAK NGUYEN & Dr. KEN SEROTA

TOUCHSTONE, LEVERAGING TODAY'S PSYCHOLOGICAL SMOG is mapping to navigate and thrive in today's high and constant stress environment. After 40 years in practice, Dr. Serota is concerned about the evolution of the career of health care professionals and the never-ending level of stress. What is stress, and what are its effects, damages, and symptoms? If COVID-19 revealed to the world that we are fragile, it also revealed most of the broken and the flaws of our system. For now a century, dentistry has been a champion in depression, Drug addiction, and suicide rates, and the curve is far from flattening. Dr. Bak is sharing his perspective and experience dealing with stress and how to leverage it into a constructive force. From the stress of a doctor with no right to failure to the stress of an entrepreneur never knowing the future, Dr. Bak is sharing his way to use stress as leverage.

À PROPOS DES AUTEURS

Du Canada, le **Dr Bak NGUYEN**, nominé Entrepreneur de l'année Ernst & Young, Grand Hommage Lys DIVERSITÉ, LinkedIn et TownHall, Achiever of the year et TOP100 docteurs du monde. Le Dr Bak est un dentiste cosmétique, PDG et fondateur de Mdex & Co. Son entreprise révolutionne le domaine dentaire. Conférencier et motivateur, il détient le record du monde d'écriture de 100 livres en 4 ans, accumulant de nombreux records mondiaux (à être officialisés).

Ses livres couvrent les sujets:

- **AFFAIRE**
- **LEADERSHIP**
- **QUÊTE D'IDENTITÉ**
- **DENTISTERIE ET MÉDECINE**
- **ÉDUCATION DES ENFANTS**
- **LIVRES POUR ENFANTS**
- **PHILOSOPHIE**

En 2003, il a fondé Mdex, une entreprise dentaire sur laquelle, en 2018, il a lancé l'initiative privée la plus ambitieuse afin de réformer l'industrie dentaire à l'échelle du Canada. Philosophe, il a à cœur la quête du bonheur des personnes qui l'entourent, patients et collègues. En 2020, il a lancé une initiative de collaboration internationale nommée les **ALPHAS** pour partager ses connaissances et pour que les entrepreneurs et les professionnels dentaires puissent se relever de la plus grande pandémie et dépression économique des temps modernes.

Ces projets ont permis au Dr Bak d'attirer les intérêts de la communauté internationale et diplomatique. Il est maintenant au centre d'une discussion mondiale sur le bien-être et l'avenir de la profession de la santé. C'est à ce propos qu'il partage ses réflexions et encourage la communauté des professionnels de la santé à partager leurs histoires. Pour soutenir la créativité et le partage de la sagesse et la croissance personnelle, le Dr Bak dirige également l'avancement de l'Intelligence artificielle chez Emotive Monde Incorporé. En intégrant l'intelligence artificielle, le design et l'édition à son flux de production, Emotive Monde est un leader mondial dans les univers de publication et de production d'histoires et de livres.

Les livres édités sont distribués par Amazon, Barnes & Noble, Apple Livres et Kindle. La société produit aussi des livres audio, nouvellement intégré en format combo pour les achats de copie papiers distribuées par Amazon et Barnes & Noble. Sous la direction du Dr Bak, Emotive Monde a lancé le protocole Apollo, permettant aux auteurs d'écrire des livres en 24 heures de temps de travail, le protocole Echo, pour produire des livres audio comme celui-ci, et également de créer et de produire des blockbusters de livres audio, **U.A.X.** (Ultimate Audio Experience) en streaming sur Apple Music, Spotify et tous les principaux distributeurs musicaux.

Le Dr Bak, avec son implication dans Emotive Monde, encourage la voix individuelle des auteurs du monde et les aide à atteindre leurs marchés et leur public. Oui, le Dr Bak est un auteur, mais à travers Emotive Monde, il est également une maison d'édition et un studio de production. Conférencier motivateur et entrepreneur en série, philosophe et auteur, de ses propres mots, le Dr Bak se décrit comme un dentiste par circonstances, un entrepreneur par nature et un communicateur par passion. Il détient également des distinctions du Parlement canadien et du Sénat canadien.

Du Canada, **ANDRÉ CHATELAIN** agit à titre de Consultant en Entreprise et offre des services de coaching pour gestionnaires et cadres supérieur. De plus, il contribue, auprès de l'Université de Sherbrooke, au développement de programme de formation pour les Entreprises et Étudiants de 2e cycle. Il siège également sur quelques Conseils d'administration. Jusqu'au 3 septembre 2017, il assumait la fonction de premier vice-président, Services aux particuliers, Paiement et Marketing au Mouvement Desjardins. Son mandat consistait à développer et déployer l'offre bancaire et de financement pour la clientèle des particuliers, de même que les solutions de paiement pour le groupe Desjardins. Ses équipes sont aussi responsables des activités de marketing pour la clientèle des particuliers et de commercialisation pour toutes les clientèles au Québec.

De façon transversale, sa première vice-présidence assurait également la gestion de la marque Desjardins et veillait à l'alignement et la cohésion des actions de Desjardins en matière de marketing, de commercialisation et d'expérience membre et client dans tous les canaux de distribution. M. Chatelain a œuvré pour le Mouvement Desjardins pendant 28 ans. Au cours de ces années, il a occupé divers postes dans les domaines du financement d'entreprises, du développement des affaires, de la gestion des risques, du marketing, de l'efficacité opérationnelle ainsi que de la planification stratégique. Il a, de plus, assumé plusieurs fonctions de gestion, dont celles de vice-président Gestion des Risques, de vice-président Marketing – Entreprises et, plus récemment, de vice-président principal et directeur général des Services de cartes Desjardins. M. Chatelain a siégé sur plusieurs CA à l'interne et à l'externe du Mouvement Desjardins. Il est détenteur d'une maîtrise en Administration des Affaires (MBA) de l'Université de Sherbrooke et d'un baccalauréat en administration (BAA concentration finance) de l'Université du Québec en Outaouais.

Du Canada, **FRANÇOIS DUFOUR** a été entrepreneur et spécialiste du marketing toute sa vie. Tout au long de sa carrière, il a su poser les questions difficiles à lui-même et à ses contemporains afin de mieux comprendre et d'améliorer les mécanismes sociétaux et économiques. Il est titulaire d'un baccalauréat en économie de l'Université Bishop, d'une maîtrise ès sciences de l'ESCEM-Poitiers et d'une maîtrise en administration des affaires (gestion internationale) de l'Université de Sherbrooke.

Du Canada, **TRANIE VO** est co-fondatrice et COO (directrice Générale) de Mdex & Co, une compagnie de gestion médicale. Détentrice d'un baccalauréat en Génie Mécanique de l'Université McGill, elle a co-fondé sa propre entreprise et la dirige depuis les 20 dernières années. En ce sens, Mme. Vo est une entrepreneure expérimentée incarnant le leadership au féminin ainsi que le mouvement de diversité dans la classe dirigeante. Elle a co-écrit avec son conjoint et partenaire, THE POWER BEHIND THE ALPHA, un livre témoignant la délicatesse et la balance de pouvoir entre être un leader et une femme. En 2020, par sa résilience, elle a inspiré la création des ALPHAS, une organisation d'entrepreneurs et de professionnels internationaux.

Du Canada, **William Bak**, est un jeune prodige de 12 ans. À l'âge de 8 ans, il a co-écrit une série de livres pour enfants avec son père, le Dr Bak. Père et fils, ensemble, ils changent le monde, un esprit à la fois, en écrivant des livres pour enfants. William a, jusqu'à présent, co-écrit 35 livres. Il a co-écrit les 11 livres de poulet en ANGLAIS, puis il a dû les traduire lui-même en FRANÇAIS. C'est ainsi qu'il a 22 livres de poulet. William a également co-écrit 4 livres sur l'éducation des enfants avec son père, **THE BOOK OF LEGENDS** volume 1, 2 et 3. Et le premier volume de la nouvelle trilogie THE RISE OF LEGENDS. En pleine crise sanitaire mondiale, William a de nouveau joint forces avec son père pour écrit un livre sur la vaccination, cette fois-ci encore, dans les 2 langues, Anglais et Français. Ce livre a aussi été traduit en Espagnol.

En 2022, William a co-écrit avec son père les 2 premiers livres de la nouvelle franchise de 9 livres : LEGENDS OF DESTINY. Il a aussi co-écrit la franchise des contes de Noël, AU PAYS DES PAPAS qui comprend 2 livres. Entre temps, William a aussi écrit son premier livre solo, PAPA J'SUIS PAS CON. Pour promouvoir ses livres, William a embrassé la scène pour la première fois en 2019 pour parler à une foule de plus de 300 personnes. Depuis, il est apparu dans de nombreuses entrevues pour parler de ses livres et projets à venir. Au milieu du COVID, il s'est ennuyé et a commencé son YOUTUBE CHANNEL: **GAMEBAK**, passant en revue les jeux vidéo. Fin 2020, il a rejoint les ALPHAS en tant que plus jeune animateur du prochain mouvement mondial, **COVIDCONOMICS**, dans lequel il donne son point de vue et accueillera les opinions de sa génération.

"Je vais vous montrer. Je ne vais pas vous forcer.
Mais je ne vous attendrai pas."
- William Bak et Dr. Bak

En Écrivant avec son père, William détient des records mondiaux à officialiser:

- Le plus jeune auteur qui a écrit dans 2 langues
- Co-auteur de 8 livres en un mois
- Le premier enfant à avoir écrit 24 livres pour enfants
- Le premier enfant a avoir co-signé et signé 36 livres en 45 mois

UAX

ULTIMATE AUDIO EXPERIENCE

Une nouvelle façon d'apprendre tout en se divertissant grâce aux films-audio. UAX est plus qu'un livre audio, ils ont été conçus afin de stimuler l'imaginaire afin de garder l'intérêt du public, même des gens visuels. Les UAX ont été conçus pour divertir tout en conservant le caractère éducatif des livres. Les film-audio UAX sont les blockbusters de l'univers des livres Audio.

La bibliothèque du Dr. Bak sera rendue disponibles en format UAX au cours des prochains mois. Des négociations sont aussi entamées pour ouvrir le format UAX à tous les auteurs désirant élargir leur audiences.

Découvrez l'expérience UAX dès aujourd'hui en streaming sur Spotify, Apple Music ainsi que chez tous les grands distributeurs de musiques digitales.

AMAZON - BARNES & NOBLE - APPLE BOOKS - KINDLE
SPOTIFY - APPLE MUSIC

C O M B O

PAPERBACK/AUDIOBOOK

ACTIVATION

Please register your book to receive the link to your audiobook version. Register at:
https://drbaknguyen.com/covidconomie-inflation-registry

PAR LE MÊME AUTEUR
Dr. Bak Nguyen

MAJOR LEAGUES' ACCESS

FACTEUR HUMAIN -035
LE LEADERSHIP DU SUCCÈS
par Dr. BAK NGUYEN & CHRISTIAN TRUDEAU

THE RISE OF THE UNICORN -038
BY Dr. BAK NGUYEN & Dr. JEAN DE SERRES

CHAMPION MINDSET -039
LEARNING TO WIN
BY Dr. BAK NGUYEN & CHRISTOPHE MULUMBA

THE RISE OF THE UNICORN 2 -076
eHappyPedia
BY Dr. BAK NGUYEN & Dr. JEAN DE SERRES

BRANDING -044
BALANCING STRATEGY AND EMOTIONS
BY Dr. BAK NGUYEN

BUSINESS

SYMPHONY OF SKILLS -001
BY Dr. BAK NGUYEN

LA SYMPHONIE DES SENS -002
ENTREPREUNARIAT
par Dr. BAK NGUYEN

INDUSTRIES DISRUPTORS -006
BY Dr. BAK NGUYEN

CHANGING THE WORLD FROM A DENTAL
CHAIR -007
BY Dr. BAK NGUYEN

THE POWER BEHIND THE ALPHA -008
BY TRANIE VO & Dr. BAK NGUYEN

SELFMADE -036
GRATITUDE AND HUMILITY
BY Dr. BAK NGUYEN

THE U.A.X STORY -072
THE ULTIMATE AUDIO EXPERIENCE
BY Dr. BAK NGUYEN

CRYPTOCONOMICS 101 - TO COME
MY PERSONAL JOURNEY
FROM 50K TO 1 MILLION
BY Dr. BAK NGUYEN

CHILDREN'S BOOK
with William Bak

The Trilogy of Legends

THE LEGEND OF THE **CHICKEN HEART** -016
LA LÉGENDE DU **COEUR DE POULET** -017
BY Dr. BAK NGUYEN & WILLIAM BAK

THE LEGEND OF THE LION HEART -018
LA LÉGENDE DU COEUR DE LION -019
BY Dr. BAK NGUYEN & WILLIAM BAK

THE LEGEND OF THE DRAGON HEART -020
LA LÉGENDE DU COEUR DE Dr.AGON -021
BY Dr. BAK NGUYEN & WILLIAM BAK

WE ARE ALL DRAGONS -022
NOUS TOUS, DRAGONS -023
BY Dr. BAK NGUYEN & WILLIAM BAK

THE 9 SECRETS OF THE SMART CHICKEN -025
LES 9 SECRETS DU POULET INTELLIGENT -026
BY Dr. BAK NGUYEN & WILLIAM BAK

THE SECRET OF THE FAST CHICKEN -027
LE SECRETS DU POULET RAPIDE -028
BY Dr. BAK NGUYEN & WILLIAM BAK

THE LEGEND OF THE SUPER CHICKEN -029
LA LÉGENDE DU SUPER POULET -030
BY Dr. BAK NGUYEN & WILLIAM BAK

THE STORY OF THE CHICKEN SHIT -031
L'HISTOIRE DU CACA DE POULET -032
BY Dr. BAK NGUYEN & WILLIAM BAK

WHY CHICKEN CAN'T DREAM? -033
POURQUOI LES POULETS NE RÊVENT PAS? -034
BY Dr. BAK NGUYEN & WILLIAM BAK

THE STORY OF THE CHICKEN NUGGET -057
HISTOIRE DE POULET: LA PÉPITE -083
BY Dr. BAK NGUYEN & WILLIAM BAK

CHICKEN FOREVER -082
POULET POUR TOUJOURS -084
BY Dr. BAK NGUYEN & WILLIAM BAK

THE SPIES AND ALIENS
COLLECTION

THE VACCINE -077
LE VACCIN -079
LA VACUNA -077B
BY Dr. BAK NGUYEN & WILLIAM BAK
TRANSLATION BY BRENDA GARCIA

DENTISTRY

PROFESSION HEALTH - TOME ONE -005
THE UNCONVENTIONAL QUEST OF HAPPINESS
BY Dr. BAK NGUYEN, Dr. MIRJANA SINDOLIC,
Dr. ROBERT DURAND AND COLLABORATORS

HOW TO NOT FAIL AS A DENTIST -047
BY Dr. BAK NGUYEN

SUCCESS IS A CHOICE -060
BLUEPRINTS FOR HEALTH PROFESSIONALS
BY Dr. BAK NGUYEN

RELEVANCY - TOME TWO -064
REINVENTING OURSELVES TO SURVIVE
BY Dr. BAK NGUYEN & Dr. PAUL OUELLETTE AND
COLLABORATORS

MIDAS TOUCH -065
POST-COVID DENTISTRY
BY Dr. BAK NGUYEN, Dr. JULIO REYNAFARJE
AND Dr. PAUL OUELLETTE

THE POWER OF Dr. -066
THE MODERN TITLE OF NOBILITY
BY Dr. BAK NGUYEN, Dr. PAVEL KRASTEV
AND COLLABORATORS

ALPHA DENTISTRY vol. 1 -104
DIGITAL ORTHODONTICS FAQ
BY Dr. BAK NGUYEN

ALPHA DENTISTRY vol. 1 -109
DIGITAL ORTHODONTICS FAQ ASSEMBLED
EDITION
USA SPAIN GERMANY INDIA
CANADA
BY Dr. BAK NGUYEN, Dr. PAUL OUELLETTE, Dr. PAUL
DOMINIQUE, Dr. MARIA KUNSTADTER, Dr. EDWARD J.
ZUCKERBERG, Dr. MASHA KHAGHANI, Dr. SUJATA
BASAWARAJ, Dr. ALVA AURORA, Dr. JUDITH BÄUMLER, and
Dr. ASHISH GUPTA

ALPHA DENTISTRY vol. 1 -113
DIGITAL ORTHODONTICS FAQ INTERNATIONAL
EDITION
ENGLISH SPANISH GERMAN HINDI
FRENCH
BY Dr. BAK NGUYEN, Dr. PAUL OUELLETTE, Dr. PAUL
DOMINIQUE, Dr. MARIA KUNSTADTER, Dr. EDWARD J.
ZUCKERBERG, Dr. MASHA KHAGHANI, Dr. SUJATA
BASAWARAJ, Dr. ALVA AURORA, Dr. JUDITH BÄUMLER, and
Dr. ASHISH GUPTA

KISS ORTHODONTICS -105
BY Dr. BAK NGUYEN, Dr. PAUL OUELLETTE
WITH GUEST AUTHORS Dr. RYAN HUNGATE and Dr. MAHSA
KHAGHANI

QUEST OF IDENTITY

IDENTITY -004
THE ANTHOLOGY OF QUESTS
BY Dr. BAK NGUYEN

HYBRID -011
THE MODERN QUEST OF IDENTITY
BY Dr. BAK NGUYEN

LIFESTYLE

HORIZON, BUILDING UP THE VISION -045
VOLUME ONE
BY Dr. BAK NGUYEN

HORIZON, ON THE FOOTSTEP OF TITANS -048
VOLUME TWO
BY Dr. BAK NGUYEN

HORIZON, Dr.EAMING OF THE FUTURE -068
VOLUME THREE
BY Dr. BAK NGUYEN

MILLION DOLLAR MINDSET

MOMENTUM TRANSFER -009
BY Dr. BAK NGUYEN & Coach DINO MASSON

LEVERAGE -014
COMMUNICATION INTO SUCCESS
BY Dr. BAK NGUYEN

HOW TO WRITE A BOOK IN 30 DAYS -042
COMMENT ÉCRIRE UN LIVRE EN 30 JOURS -102
BY Dr. BAK NGUYEN

HOW 2 WRITE 2 BOOKS IN 10 DAYS -114
COMMENT ÉCRIRE 2 LIVRES EN 10 JOURS -115
BY WILLIAM BAK & Dr. BAK NGUYEN

HOW TO WRITE A SUCCESSFUL BUSINESS
PLAN -049
BY Dr. BAK NGUYEN & ROUBA SAKR

MINDSET ARMORY -050
BY Dr. BAK NGUYEN

MASTERMIND -052
7 WAYS INTO THE BIG LEAGUE
BY Dr. BAK NGUYEN & JONAS DIOP

PLAYBOOK INTRODUCTION -055
BY Dr. BAK NGUYEN

PLAYBOOK INTRODUCTION 2 -056
BY Dr. BAK NGUYEN

POWER -043
EMOTIONAL INTELLIGENCE
BY Dr. BAK NGUYEN

RISING -062
TO WIN MORE THAN YOU ARE AFRAID TO LOSE
BY Dr. BAK NGUYEN

TORNADO -067
FORCE OF CHANGE
BY Dr. BAK NGUYEN

BOOTCAMP -071
BOOKS TO REWRITE MINDSETS
INTO WINNING STATES OF MIND
BY Dr. BAK NGUYEN

TIMING -074
TIME MANAGEMENT ON STEROIDS
BY Dr. BAK NGUYEN

POWERPLAY -078
HOW TO BUILD THE PERFECT TEAM
BY Dr. BAK NGUYEN

HOW TO BOOST YOUR CREATIVITY TO NEW
HEIGHTS -088
BY Dr. BAK NGUYEN

PARENTING

THE BOOK OF LEGENDS -024
BY Dr. BAK NGUYEN & WILLIAM BAK

THE BOOK OF LEGENDS 2 -041
BY Dr. BAK NGUYEN & WILLIAM BAK

THE BOOK OF LEGENDS 3 -086
THE END OF THE INNOCENCE AGE
BY Dr. BAK NGUYEN & WILLIAM BAK

THE ORIGIN SERIES

L'ART DE TRANSFORMER DE LA SOUPE EN
MAGIE -103
PAR Dr. BAK NGUYEN

AU PAYS DES PAPAS -106
PAR Dr. BAK NGUYEN & WILLIAM BAK

AU PAYS DES PAPAS 2 -108
PAR Dr. BAK NGUYEN & WILLIAM BAK

PERSONAL GROWTH

REBOOT -012
MIDLIFE CRISIS
BY Dr. BAK NGUYEN

HUMILITY FOR SUCCESS -051
BALANCING STRATEGY AND EMOTIONS
BY Dr. BAK NGUYEN

THE ENERGY FORMULA -053
BY Dr. BAK NGUYEN

AMONGST THE ALPHAS -058
BY Dr. BAK NGUYEN, with Dr. MARIA KUNSTADTER,
Dr. PAUL OUELLETTE and Dr. JEREMY KRELL

AMONGST THE ALPHAS vol.2 -059
ON THE OTHER SIDE
BY Dr. BAK NGUYEN with Dr. JULIO REYNAFARJE,
Dr. LINA DUSEVICIUTE and Dr. DUC-MINH LAM-DO

THE 90 DAYS CHALLENGE -061
BY Dr. BAK NGUYEN

EMPOWERMENT -069
BY Dr. BAK NGUYEN

THE MODERN WOMAN -070
TO HAVE IT HAVE WITH NO SACRIFICE
BY Dr. BAK NGUYEN & Dr. EMILY LETRAN

ALPHA LADDERS -075
CAPTAIN OF YOUR DESTINY
BY Dr. BAK NGUYEN & JONAS DIOP

1SELF -080
REINVENT YOURSELF FROM ANY CRISIS
BY Dr. BAK NGUYEN

THE ALPHA MASTERMIND FRANCHISE

THE SUPERHERO'S SYNDROME -116
VOLUME ONE
BY Dr. BAK NGUYEN

THE LAZY FRANCHISE

THE CONFESSION OF A LAZY OVERACHIEVER -089
REINVENT YOURSELF FROM ANY CRISIS
BY Dr. BAK NGUYEN

TO OVERACHIEVE EVERYTHING BEING LAZY -090
CHEAT YOUR WAY TO SUCCESS
BY Dr. BAK NGUYEN

PHILOSOPHY

LEADERSHIP -003
PANDORA'S BOX
BY Dr. BAK NGUYEN

FORCES OF NATURE -015
FORGING THE CHARACTER OF WINNERS
BY Dr. BAK NGUYEN

KRYPTO -040
TO SAVE THE WORLD
BY Dr. BAK NGUYEN & ILYAS BAKOUCH

ALPHA LADDERS 2 -081
SHAPING LEADERS AND ACHIEVERS
BY Dr. BAK NGUYEN & BRENDA GARCIA

MIRROR -085
BY Dr. BAK NGUYEN

SHORTCUT

408 HEALING QUOTES -093
SHORTCUT VOLUME ONE
BY Dr. BAK NGUYEN

408 GROWTH QUOTES -094
SHORTCUT VOLUME TWO
BY Dr. BAK NGUYEN

365 LEADERSHIP QUOTES -095
SHORTCUT VOLUME THREE
BY Dr. BAK NGUYEN

518 CONFIDENCE QUOTES -096
SHORTCUT VOLUME FOUR
BY Dr. BAK NGUYEN

317 SUCCESS QUOTES -097
SHORTCUT VOLUME FIVE
BY Dr. BAK NGUYEN

376 POWER QUOTES -098
SHORTCUT VOLUME SIX
BY Dr. BAK NGUYEN

306 HAPPINESS QUOTES -099
SHORTCUT VOLUME SEVEN
BY Dr. BAK NGUYEN

170 DOCTOR QUOTES -100
SHORTCUT VOLUME EIGHT
BY Dr. BAK NGUYEN

SOCIETY

LE RÊVE CANADIEN -013
D'IMMIGRANT À MILLIONNAIRE
par Dr. BAK NGUYEN

CHOC -054
LE JARDIN D'EDITH
par Dr. BAK NGUYEN

AFTERMATH -063
BUSINESS AFTER THE GREAT PAUSE
BY Dr. BAK NGUYEN & Dr. ERIC LACOSTE

TOUCHSTONE -073
LEVERAGING TODAY'S PSYCHOLOGICAL SMOG
BY Dr. BAK NGUYEN & Dr. KEN SEROTA

COVIDCONOMICS
TAMING INFLATION WITHOUT INCREASING
INTEREST RATES -111
CONTRER L'INFLATION SANS TOUCHER LES
TAUX D'INTÉRÊTS -112
BY Dr. BAK NGUYEN, ANDRÉ CHÂTELAIN, FRANÇOIS
DUFOUR, TRANIE VO & WILLIAM BAK

TEEN'S FICTION
with William Bak

LEGENDS OF DESTINY

THE PROLOGUES OF DESTINY -101
VOLUME ONE
BY Dr. BAK NGUYEN & WILLIAM BAK

THE BOOK OF ELVES -107
VOLUME TWO
BY Dr. BAK NGUYEN & WILLIAM BAK

THE POWER OF YES

THE POWER OF YES -010
VOLUME ONE: IMPACT
BY Dr. BAK NGUYEN

THE POWER OF YES 2 -037
VOLUME TWO: SHAPELESS
BY Dr. BAK NGUYEN

THE POWER OF YES 3 -046
VOLUME THREE: LIMITLESS
BY Dr. BAK NGUYEN

THE POWER OF YES 4 -087
VOLUME FOUR: PURPOSE
BY Dr. BAK NGUYEN

THE POWER OF YES 5 -091
VOLUME FIVE: ALPHA
BY Dr. BAK NGUYEN

THE POWER OF YES 6 -092
VOLUME SIX: PERSPECTIVE
BY Dr. BAK NGUYEN

TITRES DISPONIBLES AU

www.DrBakNguyen.com

AMAZON - BARNES & NOBLE - APPLE BOOKS - KINDLE
SPOTIFY - APPLE MUSIC

ACCÈS ILLIMITÉ
À LA BIBLIOTHÈQUE AUDIO DE DR. BAK

Depuis qu'il a marqué le record mondial d'avoir écrit 100 livres en 4 ans, Dr. Bak a décidé d'ouvrir son entière collection de livres audio et d'albums UAX aux membres VIPs pour un montant de 9.99$/mois.

Accédez aux livres audios en parallèle à leur écriture et soyez parmi les premiers à découvrir les prochains livres du Dr. Bak. Abonnez-vous dès aujourd'hui!

http://drbaknguyen.com/members

Bienvenu(e)s aux Alphas.

DR.
Bak Nguyen

www.ingramcontent.com/pod-product-compliance
Lightning Source LLC
Chambersburg PA
CBHW061216220326
41599CB00025B/4656